ㄷ 3534·3335

DE BRY

NVL   SANS   SOVCY

DIONYSII
LEBEI-BATILLII
REGII MEDIOMATRICV
PRAESIDIS
EMBLEMATA.

Emblemata a Iano Iac.
Boissardo Vesuntino
delineata sunt.

Et a Theodoro de Bry
sculpta, et nunc recens
in lucem edita.
Francofurti ad Moenu
A. ꝏ.Ɔ.Ɔ. XCVI

Si Virtus, Doctrina, Vsus Prudentia charum
Efficiunt summis regibus esse virum.

DIONYSIVS LEBE-BATILLIVS   PRÆSES REG. AP. MEDIOM.

Ista tibi certe simul arrisere Bathylli
Qui partes tanti Regis in urbe geris.

IN EFFIGIEM CLA-
RISSIMI VIRI DIONYSII LEBEI-BA-
TILLII REGII APVD MEDIOMA-
trices Præfidis,

IANVS IACOBVS BOISARDVS
Vefuntinus.

Xpreſſos datur hîc videre vultus,
Et doctum caput illius Lebei,
Vrbe qui celebri Tricaſſinorum
Ortus, Auſtraſiæ tenet tribunal
Præfes æquus, & integer facerdos
Arcana Themidis, facerấ Legum
Interpres. Clarium augur huic Apollo
Ceſſit Barbiton.   Huic Minerva mentis
Diuinæ è fcatebris dedit profari
Dium dogma, per entheos receſſus
Defcerptum è Sophiæ finu: annuitấ,
Per Emblemata culto & erudito
Picta carmine publicos in vfus
Divulgare hominum: & futurum in ævum
Clarum adquirere nomen: atque de omni
Humano genere optimê mereri.

CLARIS.

CLARISSIMO VIRO D. PHI-
LIPPO MORNAEO-PLESSIACO, SAN-
ctioris, interiorisque regij Confiftorij Confilia-
rio, Regio Salmurienfi præfecto, &c.

DIONISIVS LEBEVS-BATILLIVS S. D,

AM ab illo tempore, Vir clariffime, quum, me ad Regem ad legatum, & ex Aquitania re-deuntem, tam benignè, tam comiter regijs in caftris excepifti, fic negotia mea fufcepifti, fic, meis in rebus, mihi te commodafti, vt præter illam in confue-tudine & familiaritate fuauitatem tuam, commenda-tio, auctoritas, gratia tua quæ fumma eft, confilium, officium, ftudiumque erga me tuum eximium & fin-gulare, mihi non defuerit : inftitueram hæc Emble-mata mea, fi quando ea colligere, & errantia in vnum velutque fub vnum fignum redigere liceret, tibi, nomi-nique tuo dicata in lucem dare, vt teftatum apud ani-mum tuum relinquerem quam gratum apud homi-nem beneficium pofueris, quantum me tibi devinctũ confiterer, quæque quantaque, mea exinde in te obfer-vantia futura effet, cum nunquam etiam vifum amari te, fufpicare, admirari, & cum veneratione quadam propter fummum ingenium tuum, fummamque do-ctrinam, probitatem, integritatem, cæterasque virtutes tuas omnium ore predicatas, colere, nõ definerem. Sed cùm minùs dignum te, munus, minùs digna remunera-tio, mihi, meæ tenuitatis côfcio videretur, neq; nefcius effẽ quãdo favore & gratia fcriptio omnis vt & fermo & oratio, opus habeat, quam potiſsimùm ob caufam ve-

A 3   teres

teres Mercurio ftatuam ponè Gratiarum fimulachra
collocare folebant.Expectabā omnino,meque fuftine-
bam,nc illa prius emitterem,quam fatin'tibi placerent,
judiciumque tuum accepiffem.Quod ubi fignificafti literis tam honoratè ac honorificè,de me ad me fcriptis,
quamque grata tibi effet,memoria tui,noftra,neque te,
neque illa diutius differre volui , jam, mihi ipfe hac autoritate teftimonij tui,hoc inuitamento benevolentiæ
tuæ, iam libellus hic, nofter vifus beatior, cuius fron-
tem tam clarùm nominis tui infideat fidus, & à cuius
fplendore & lumine tantum illi lucis acceffurum,quod
fatis fit ad radium aliquem famæ retinendum, planè
confidam. Tuum iam erit, factum iftud tuum præftare
& tueri, ficque hæc arripere,vt ab optimo animo ac de-
ditiffimo tibi profata verè tibi per fuadeas. Vale
vir clariffime, & me,quarum etiam rerum
ad fpem vocas harum fructu alacrio-
rem redde, Auguftæ Mediomat.
III. Nov. Feb. 1596.

DIONYSII LEBEI-BATILLII

Regij Medi omatricum præsidis

EMBLEMA. I.

D CLARISSIMVM PHILIPPVM

Mornæum-Plessiacum.

LONGIVS AVT PROPIVS MORS SVA QVENQ MANET

Vna colum molli lana sibi sumit amictum,
  Altera deducit, tertia fila secat.
Sparsi hinc inde solo succincti flamine fusi,
  Qui multo, aut modico, qui breviore, iacent:
Sic dominæ fati, fato quæ debita complent
  Tempora sic vitæ quæ data pensa regunt.
Longius aut propius sic serior ocyor, vt sors
  Cuique expleta sua est, mors sua quoque manet.

Ad

Ad Embl. I.

Quare in fol. penult. sub litera a.

Ad Embl. II.

Eunt anni more fluentis aqua.

Ihil vita fugacius, nihil morte sequacius. Atque vt rapidorum aqua torrentium in se, non recurrit nec moderatur quidem, quia priorem superveniens præcipitat, sic in hoc cursu ad mortem, nemo vel paulò stare, vel aliquantò tardiùs ire permittitur, sed vrgent omnes pari motu, nec diverso impelluntur accessu. Ibit quà cœpit ætas, nec cursum suum aut revocavit, aut supprimat, nihil tumultuabitur, nihil admonebit velocitatis suæ, tacita labetur. Non illa regitur imperio, non favore populi longius proferet. Sicut missa est à primo decurrit, nusquam divertet, nusquam remorabitur. Minuimur quotidie deperimus, &, vt propriè dicam liquescimus. Nemo nostrum idem est in servitute qui fuit iuuenis. Nemo est mane qui fuit pridie. Nulla pars vitæ apud nos subsedit, transmissa est, & effluxit: fluunt, fugiunt fræno non remorante dies, labimur sæuo rapiente fato, properat cursu vita citato. Omnes morimur, & quasi aquæ dilabimur in terram quæ non remeantur. Breves anni sunt, & semitam per quam non remetamur, ambulamus. Eunt anni more fluentis aquæ, nec quæ præterijt, hora redire potest. Irreparabiles effluunt dies, irreparabilis decurrit vita, breve & irreparabile tempus omnibus est vitæ. Nemo restituit annos, nemo iterum nos nobis reddit, neque homo repubescit senex, nec nasci bis posse datur, nec decurso spatio à calce ad carceres renovari. Sed attende, quod de vita ista dicimus, desinere est, non perire. Mors intermittit illam, non eripitur dies vitæ extremus, æterni natalis est, venietque iterum qui nos in æternam lucem reponat.

Dionyſij Lebei-Batillij Emblemata.

II.

AD PETRVM NENELETVM·DO-
ſchium Tricaſſ. I. C.

EVNT ·ANNI MORE FLVENTIS AQVAE

Tam cita vita fluit, cita quàm fluviatilis unda
In Mare deproperans, nec reditura, fugit.
Naſcentes rapimur, nec retro flectere curſus,
Aut ſpatium emenſum vita iterare datur.

                   .B   AD RO-

,olarium vitæ.

Abitur occultè, fallitque volatilis ætas, fluit & præcipita-
tur, & ferè definit esse quàm venit. Quantumlibet intenda-
tur, diei unius instar habet, eiusque vix integri, & quæ lon-
gissima est homini, in eadem propemodum brevitate reperietur, qua
bestiolæ illæ apud Hypanim fluvium, qui ab Europæ parte in Pontum influit, quas Aristoteles ait unum diem vivere, vt quæ oriente sole
moritur, juvenis moriatur, quæ sub meridie, iam ætate provectior,
quæ sole occidente senex & decrepita, eòque magis si etiam solstitiali
die. Sic in ortu adhuc suo, ad finem nativitas properat. Quinimò,
punctum est quod vivimus, & adhuc puncto minus : sed hoc, minimum specie quadam longioris spatij natura divisit. Aliud ex hoc infantiam fecit, aliud pueritiam, aliud adolescentiam, aliud inclinatio-
nem quandem ab adolescentia ad senectutem, aliud ipsam senectutem. In tam augusto tot gradus posuit. Sic nobis sensum nostræ necis
fata auferunt, quóque faciliùs obrepat mors sub ipso vitæ nomine
latet. Quo ditie morimur, quotidie demitur aliqua pars vitæ, & tunc
quoque quum crescimus, vita decrescit. Infantiam in se pueritia con-
vertit, pueritiam pubertas, inventutem senectus secum trahit. Incre-
menta ipsa, si bene computes, damna sunt. Morti sensim & nescij ap-
proquinquamus, in quam & prius nos incidisse sentimus, quàm inci-
dere, vt nec herbas & arboris crescere cernimus, sed creuisse & quemadmodum qui in navigiis dormiunt, à ventis vltro aguntur, etiamsi nihil sentiat, sed cursus eos ad portum defert, vtque quos aut sermo, aut lectio, aut aliqua interior cogitatio iter facientes decipit, per-
venisse se antè sciunt, quàm appropinquasse. Ita & nos tempore nostræ vitæ præterfluente quasi motu quodam perpetuo & indefesso, ad
suum quisque finem occulto vitæ cursu festinamus : Ita hoc iter
vitæ assiduum & citatissimum quod dormientes vi-
gilantesque eodem gradu facimus, occu-
patis, non apparet nisi
in fine.

Dionyſij Lebei-Batillij Emblemata.

III.

AD RODOLPHVM MAGISTRVM
Medicum regium.

SIC OMNIS SCRIBITVR HORA TIBI,

Mobile tempus abit, lux vita & mobilis iſta eſt
Tota vnius tantum eſt vita quæ noſtra dies:
Sic qua horas ſolu ſectatur ut vmbra fugaces
Mors omnem ad vitæ flectitur vmbra notam.

Vitæ & mortis series.

AEuum fluctus quidam eſt rapidus earum quæ fiunt rerum. Simul enim unumquodq; & apparet & præterit, & aliud ſubſequitur, mox item aliud ſuccedit. Sic eſt omnis iſte curſus mortalitatis, naſcuntur homines, moriuntur, & alijs morientibus alij naſcuntur, ſuccedunt, accedunt, decedunt, nec manebunt. Qui verſantur in terra, aſſiduè ad interitum properant, & alij in eorū locum ſuccreſcunt, terra interim immota man et velut theatrum in quo hæc fabula peragitur. Moriemur nec primi, nec vltimi, multi nos anteceſſerunt, omnes ſequentur. Qui præceſſerunt, non nos hîc perpetuos reliquêre, ſed cedere properantes, prævenêre & ſorte ſua in tēpore vſi ſunt: vtemur noſtrâ nos. Exiuit ocyus ſors illorum, ſcribit noſtrâ ſerius, ſed confeſtim. Tu qui nunc ætate florida ſuperbis, alios calcas, mox ipſe calcaberis. Quid hoc tibi non eſt? Ad hanc legem natus es, hoc patri tuo accidit, hoc matri, hoc maioribus, hoc omnibus ante te, hoc omnibus poſt te. Series invicta nulla mutabilis ope illigat ac trahit cuncta. Tendimus huc omnes, huc primus & vltimus ordo, metam properamus ad vnam: & veluti propoſita in communem patriam profectione omnibus neceſſario, & citra recuſandi licentiam incumbente, alijs præcedentibus, alijs ſequentibus, omnes tandem eodem convenimus, & in quod primi venêre diverſorium iter ſuum emenſi, in illud poſtmodo aggregabimur.

IIII.

AD IOAN. GACHOTTVM
Rupell. I. C.

VITAE ET MORTIS SERIES

Vt qui alijs alii inſtantes certamine curſus
Ardentem ad metas lampada ferre ſtudent.
Tendimus ad mortem properì quò qualiſ et aias
Et quos prætereat, quòiue ſequatur habet.
Tendimus hac omnes, ſpatijs hac vltima noſtris
Hæc ſerie, hæc vita meta terenda data eſt.

B 3   AD CA-

Ad Embl. V.

Homo pomo fimilis, aut maturus cadit, aut fi citò, acerbus ruit.

VT in mari alium venti fegnes ludunt ac detinent, & tranquillitatis lentiffimo tædio laffant: alium pertinax flatus celerrimè perfert: Ita alios vita velociffimè adduxit quò veniendum erat, etiam cunctantibus, alios maneavit & cepit. Illos qui deplorant dicunt effe ab reptos, hos velut excarnificatos cõtabuiffe quiritantur. Itaque cùm nihil fit tam fecundum naturam, quàm fenibus emori, atque hoc idem contingat adolefcentibus adverfante & repugnante natura, adolefcentes mori fic mihi videntur ut quum aquæ multitudine vis flammæ opprimitur, fenes autem ficut quum fua fponte nulla adhibita vi confumptus ignis extinguitur, & quafi pomae ex arboribus, fi cruda funt, vi avelluntur, fi matura & cocta accidunt, fic vitam adolefcentibus vis aufert, fenibus maturitas, corpora noftra aut matura cadunt & exanguia annis putrent, aut fi cito, acerba ruunt, quemadmodum & arbores ipfæ fuã habent morté aut percuffæ cadunt, aut fuo tempore arefcunt. Verum eum mors portus fit aliquando eundus nunquam recufandus, fi quis intra primos annos in hunc delatus eft, non magis quæri debet quàm qui cito navigavit. Ei autem qui ufque ad Plaudite in hac vitæ fabula vixerit, & cui poft præteritam verni temporis fuavitatem, æftate aut autumno moriendum fit, non magis dolendum, quàm poma quum maturuerint & deciderint, quæruntur, fed quæ, fi fermo illis datus fit, gratulentur potius fe ad id peruenifſe ad quod nata erant, & arborem quæ ipfa tulerit, collaudent, huicque gratias agant.

V.

AD CAROLVM CAROLVM-MAGNVM
Tricaſſ. I. C.

HOMO POMO SIMILIS, AVT MATVR'CADIT, AVT SICITO ACERB'RVIT

Caudant adhuc ramis alieno tempore poma
Velluntur, vel humi putria lapſa, iacent.
Præcoci fato ſic aut rapiuntur acerba,
Aut effœta annis corpora, noſtra cadunt.

AD AV-

Ad Embl. VI.

Flamma brevis vita.

Vid est homo? sicut lucerna vento posita. Imbecillum corpus & fragile, nudum, suapte natura inerme, ad omnem fortunæ contumeliam proiectum, anxiæ sollicitæque tutelæ. precarij spiritus & malè inhærentis, non omne cœlum ferens, flatuq; non familiaris auræ, & tenuissimis causis atque offensionibus, morbidum, putre, cassum. Quæ est vita nostra? vapor qui ad exiguum tempus apparet, & deinde euanescit, flatus exiguus & tenuis fumi vapor. Ignis humore modico velut olei liquore ad luminis vivacitatem infuso nutritus, quo deficiente vel extincto, & calorem simul & corpus extingui, necesse sit. Obscuræ minimæque brevissima lucis portio quæ minimo jactatu & minima tempestate facilè dissipetur. Quid corpus nostrum nisi lucerna accensa? Quid mors, nisi lucerna extincta? Quid aliud quicquid luminis in hoc corpore habemus quàm velut nocturnum lumen ventorum turbini expositum? Turbinem nemo tota die videt, ne hora quidem, tanta eius velocitas, tanta brevitas est. Sed an alius violentior celeriorque mortis turbine qui in hac vita circaque eam voluitur.

V I.

AD AVGVSTINVM CAILLET-
tium, I. C.

QVID EST HOMO SICVT LVNBVA Ĩ VĒTO POSITA

Talis homo, qualis perſtantibus undique ventis
Parva ſub obſcura, noĉle lucerna patet.
Flamma homini vita tam parco conſtat oliuo,
Tam vario, mortis turbine rapta, perit.

C   AD MAT-

Mors vita terminus hæret.

Ors omni ætati, omnibus communis, omnium rerum, omnibus vitæ extremum, humani officij finis, ultima quæ dividet hora, ultima & facra linea, ad quam velut in ludo fcruporum, qua calculos noſtros promoverimus, neceſſe eſt ludum finiri, & eum vinci cui iam quo proferat vlterius non erit. Depactus hic vitæ concedit nulli Terminus, immobilis hæret. Naſcentibus nobis natura protinus hunc poſuit, fixus eſt cuique, manebit ſemper ubi poſitus eſt, nec ullum vlterius diligentia aut gratia p omovebit. Nulla illi ambitio, nullo corrûpitur auro. Stat nobis ubi illum inexorabilis fatorum neceſſitas fixit. ſed nemo ſcit noſtrûm, quàm propè verſetur terminus. Vivit quiſque quantum debet vivere. Nemo immaturus decedit. Nemo nimis citò moritur, qui victurus diutius quàm vixit non fuit, cui nihil iam vltra ſupererat. Nemini interrumpitur vita, nec vnquam ſe annis caſus interjicit. Soluitur quod cuique promiſſum eſt, eunt vi ſuâ fata, nec adjicitur quicquam nec ex promiſſo ſemel demunt. Sic itaque formemus animum, tanquam quotidie ad extremum ventum ſit.

Dionyſij Lebei-Batillij Emblemata.

VII.

AD MATTHAEVM VACKERVM
Conſtant. I. C.

MORS VITAE TERMINVS HAERET.

Communem cunctis Mors ultima linea rerum
Praſcriptis vitam finibus una regit:
Terminus hæc vere eſt nulli qui cedere nouit,
Qua poſitúsꝗ tenax in ſtatione manet.

C 2 AD GE-

Ad Embl. VII.

Ineuitabile fatum.

Eſchylus Athemuſis, Poëta Tragicus, iam caluus, an
nos LVIII. natus, in agro & aprico loco ſedens, quum præ
dictam ſatis eius diei ruinam, ſecura cœli fide caueret, fertu
interfectus, teſtudine ab aquila i de volante in caput eius demiſſa
cum illud ſcilicet, quod caluum eſſet, ſaxum eſſe credebat aquila, qua
libus alites illæ eiuſmodi animalia conquaſſare ſolent. Quo exempl.
docemur, ſortem fato deſtinatam defugere impoſſibile, neque in ho
minis natura ſitum avertere quod ipſi euenturum eſt, vt neque præ
ſtare poſſit vt alterum fato impendenti eripiat. Quod quiſque vitet
nunquam homini ſatis cautum eſt in horas. Quæ fato manent, quam
vis ſignificata non vitantur. Certa decreta ſors & quam præſciſſe au
cavere nihil proderit, fugiendo in media ſæpe fata ruitur. Nõ ignis fa
tum, non ferrea arcebunt mœnia. Vbi tempus aduenerit moriendi
nullum ulli ſatis tutum aſylum eſt, & illi mors imminet qui domi de
ſidet extra pericula & fugacem perſequitur virum: ſic invenit & in
venitur qui fugit. It cuique ratus prece non ulla mobilis ordo. Multi
ipſum timuiſſe nocet. Multi ad fatum vivere ſuum odium fata timent
Nemo ergo longè valde mortem credat, quæ ne unquam longè
ſit, vitæ brevitas facit : vt ſemper immineat ſupraque
caput ſit, facit humanorum caſuum mira viæ,
ineluctabilis eventus, infinita
varietas.

Dionyſij Lebei-Batillij Emblemata.

VIII.
AD GEORG. PERRICARDVM SENA-
torem Rothom.

PRAESCRIPTVM INEVITABILE FATVM

Certum cuique ſuum eſt, & ineuitabile fatum,
  Decretam ſortem, nemo carere poteſt:
Teſtis quem perhibent prædictum avertere caſum
  Caliettam tuta non potuiſſe fide.

C 3   ADPRV

Fugacia commoda vitæ.

A eſt humanarum rerum conditio, vt momentaneæ ſint, inque diem vix durent. Omniá vertit dies. Quicquid longa ſeries multis laboribus, multa Dei indulgentia ſtruxit, id unus dies ſpargit ac diſsipat. Simul parta, ac ſperata decora unius horæ fortuna evertere poteſt, ludit in humanis divina potentia rebus,& certum præſens vix habet hora fidem. Tam longam moram dedit malis properantibus, qui diem dixit, horam momentumque temporis evertendis imperiis ſufficere. Vt autem nihil publicè, ſic nihil privatim ſtabile eſt. Omnium extrinſecus affluentium lubrica & incerta poſſeſſio eſt. Cuiſque rei tam brevis uſus quàm levis ſenſus eſt. Citò nos omnis voluptas relinquit quæ fluit & tranſit, & penè antequam væniat aufertur. Omnia omnibus dubia. Nil proprium cuiquam puncto quod mobilis horæ nunc prece, nunc precio, nunc vi, nunc ſorte ſuprema permutat dominos & cedit in altera jura. Omnia iſta bona, quæ nos ſpecioſa ſed fallaci voluptate delectant, pecunia, dignitas, potentia, aliáque complura, quæ cum labore poſsidentur, lubrica & incerta ſunt, nunquam bene tenentur. Nihil ſibi quiſquam de futuro debet promittere, id quoque quod tenetur per manus exit. Et vt nihil de tempore futuro timeatur, ipſa tamen magnæ felicitatis tutela ſollicita eſt, cuius ex omnibus rebus humanis velo-
ciſſima eſt leuitas.

Dionyſij Lebei-Batillij Emblemata.

I.X.

AD PRVDENTEM MARTINVM
Lingon I. C.

FVGACIA COMODA VITAE.

Ceu piſcatorii, maculoſa lubrica tergo
anguilla è manibus vix benè capta, fugit?
Haud ſecus humana vaneſcunt commoda vita,
Et, nil, non, nobis eripit hora brevis.

AD CA-

Dulci & amaro temperata vita.

AD hunc modum temperata est vita nostra, vt nullum bonum habeamus cui non sit aliquid acerbi admixtum. Nihil quicquam tam prospere diuinitus hominibus datum, quin & tamen admixtum sit aliquid difficultatis. Nõ pura Deus bona, sed malis semper admixta præbet hominibus, neque risum sine fletu habemus, resque secundas semper calamitas quędam subsequitur, in ipsis voluptatibus causæ doloris oriuntur ac voluptatem tristitia comitatur, denique legitima sinceraque frui felicitate nusquam datur. Nulla vitæ felicitas tempestatis ac doloris expers est, nec prosperitas potest esse ulla cum qua non existat etiam aliquid quod hominem mordeat, ut ipsa quoque rosa licet fragrans sit, crebris tamen spinis horret, & vultum solis nubes interdum caligine quadam obvelant. Non ulli ferè & magna bona & diuturna contingunt. Non durat nec ad vltimum exit nisi lenta felicitas, & Græci tertium dolium in Iouis aula nullis permistum, malis esse, negant. Nullum est bonum quod in hac vita tanquam arbor ex una radice nascatur, sed contrà ei etiam aliquod malum agnascitur. Nulla sors longa est, dolor ac voluptas inuicem cadunt, medio de fonte leporum surgit amari aliquid. Nunquam sincera bonorum sors ulli cõcessa viro, nihil omni à parte beatum est, & subtexta malis bona sunt, tristia lætis substituuntur, & vt segiti lolium miscentur alterna lætitia & tristitia fluctuamus vita nostra tantum aloes quàm mellis habet. Vsque adeò nulla est sincera voluptas sollicitumque aliquid lætis intervenit, horaque non ulli similis perducitur horæ. Vsque adeo lene vanumque est hoc quod felicitas dicitur cui vna & prima nominis syllaba facilimè accedat.

Dionyſij Lebei-Batillij Emblemata.

X.

AD CAROLVM PASCALIVM.

DVLCI ET AMARO TEMPERATA VITAE.

10

Eſſe neget grato quis Punica mala ſapore:
Ille acidus tamen eſt, aſperiorq́; ſapor.
Mortali vitæ nulla eſt ſincera voluptas,
Implicat huic aliquis ſcq́; ſubinde decor.

D   AD

Nostri nosmet pœnitet.

Vm natura varia viuendi instituta humano generi dederit, imprimis constituendum est quos nos & quales esse velimus, & in quo genere vitæ conuenienti & consentaneo,
vt contra naturam vniuersam nihil contendamus, sed ea conseruata,
propriâ sequamur, & studia nostra eius regulâ metiamur. Omnino au-
tẽ si quidquam est decorũ, nihil est profectò magis quàm æquabilitas
vniuersæ vitæ, tum singularum actionum, quam conseruare non possimus, si aliorũ natutam imitemur, omittamus nostram. Elogio ergo
Pythico obtemperantes nos ipsos nosse statim oportet, naturam con-
sulere, eaque authore unum quiddam potiùs capessere, quàm aliud
aliudq; institutum vitæ transeuntes, naturæ ipsi viui afferre. Bonis ad
arandum equi ad cursum nati sunt, hi curribus, illi aratro congru-
unt, acceleranti naui ad mare aptus est delphin, venando autem apro
canis ferox accommodatus. Licet tamen à natura singuli differentem
sortiti simus conditionem vitæ, ita plerique ingenio sumus omnes,
nosti nosmet pœnitet, Alienum nobis, nostrum plus alijs placet. Capiunt animos plus aliena suis, nulli ad aliena respicienti sua placent.
Affectatio alienæ fortunæ, aut nostræ odium nos detinet. Nemo
quam sibi sortem seu ratio dederit, seu fors obiecerit, illa
contentus viuit, laudat diuersa sequentes. Nemo
quam nouit artem in hac se libens exercet.
Cui placet alterius, sua nimirum
est odio sors.

Dionysij Lebei-Batillij Emblemata.

XI.

AD ANDREAM MELVINVM
Scotum.

NOSTRI NOSMET POENITET.

Sorte sua vivit, nemo contentus, & intra
Fortunam vix est qui velit esse suam.
Nulli, non ingrata sua est, diversa probatur,
Nostra aliis, nobis plus q, aliena placent.
Optat ephippia bos piger, optat arare caballus:
Pertasus pariter sortis uterque sua.

D 2   AD IA.

Ita est vita hominis quasi quum ludas tesseris.

Ommune hominibus hoc est adversis iuxta ac secundis
rebus vti, nec ulli unquam fortuna æquabilis, perpetuaque
fuit, Alternæ sunt vices rerum. Non eadem semper cadunt,
neque vitæ manet eadem species, sed variat. Cùm autem eventus illius in nobis non sit, cùm nulla nobis optio vivendi, nostro arbitrio
proposita sit, vt neque in Olympijs licet vincere delecto adversario,
quæcunque in vita obtingit fortuna, cum ea luctandû, & omnia tolerare debemus, quæ de nobis illa statuerit, quòdque obvenerit, id eo
ponere ubi maximè videbitur esse comodum. Casuum damna ferendo vindicãda sunt. Probè ille rationes subduxit qui se intra suos fines
continet ac moderatè ferre novit vtrorumque sortem, maturoque
ita secum constituit, sicut in populari Reipubl. statu sorte magistratus
leguntur, ut si ea tetigerit te, imperandum, si præterierit æquo animo
ferenda sit fortuna, ita & rerû humanarum dispensationi esse obedi-
entes & absque incusationibus obtemperandum. Cordatorum enim
hominum est & rectè institutorum neque mutari ob eventum rerum
quę videntur prosperę, & constanti animo decorum in adversitatibus
servare, rationisque bene compositæ officium hoc est aut præcavere
& declinare malum ingruens, acceptum corrigere & ad minimum redigere, aut patientiam sua m fortem ac generosam præstare. Sic denique de vita hominum statuendum quasi quum ludas tesseris, si
illud quod maximè opus iactu non cadit, illud quod
cecidit fortè, id arte vt corrigas, cum neque
denuo jacere liceat, neque tesseram
aliter ponere.

Dionifij Lebei-Batillij Emblemata.

XII.

AD IACOBVM GILLOTVM SENATO-
rem Parifienfem.

ITA EST VITA HOMINVM ET

12

Iudice, nempe Deo fortis fic alia, noftra
  Talorum ut lufu, teffera miffa, cadit.
Vt numerorum ergo, vitæ fic quofque tueri
  Corrigere, qua datur arte, decet.

Quicquid erit, superanda omnis fortuna ferendo est.

Vi semel mare ingressi sunt, ventorumque & æstus arbitrio feruntur, frustra conentur, si velint adversus ista pugnare: tumque periti gubernatoris tempestati obsequi artis erit, etiamsi portum tenere nequeat, & mutata velificatione vitare aut declinare maiores illos & decimos fluctus quos frágere non possit. Ita in his rerum humanarum, nunc propere absecundantium, nunc reflantium tempestatibus, tempori servire, id est, necessitati parere. Deum sequi, & fatum adiutare potiùs quàm impedire, licet aliter agat nos, quàm velimus, semper sapientis fuit habitum. In hoc vir viro præstat: quòd & malum & bonum commodé ferat, fortique suæ acquiescat. Suscipiendi rerum eventus, ac disponenda vtut ceciderit alea fortunæ, cui repugnare sit velut materiam præbere, nimbósque alios alijs ascicere. Ergo fatis sinamus nos duci non trahi, vtque noscunque rapit tempestas, æquo animo deferamur, atque si quo Italiam cœlo contingere, nequeamns, quia scilicet: Mutati transversa fremunt & vespere ab atro Consurgunt venti, atque in vrbem cogitur aër, Nec nos obniti contrà nec tendere tantum sufficimus, superat quoniam fortuna sequamur quoque vocat vertamus iter, Iuuat ire quo nos rapiunt auræ quocunque per vndas Notus vocabit aut proteruus Africus. Quicquid erit superanda omnis fortuna ferenda est. Quod si inviti facimus duplex malum est, si non inviti necessitatem effugimus, qui velimus
quod ipsa coactura
est.

XIII.

AD GVLIELMVM TAESIVM ABBATEM
Bafsifontanum.

IN VENTOS NON REFLANDVM.

Qua te cuncta premat fortunæ injuria, perfer
  Quòque vocat superans, flectere disce viam.
Stultius in adversos versus qui obnititur Euros,
  Inflato & contra turgidus ore reflat.

T ij

In labore multum adiumenti ad vitam.

I To ad formicam, ô piger, & æmulare rationem ac viam illius, fisque ea prudentior. Nam quum illi desit, ager quem colat, neminemque qui cogat ad opus habeat, nec sub ullius dominatu vivat, parat tamen æstate cibum, multumque in messe aceruat, quod sibi hyeme apponat. Ore trahit quodcunque potest, atque addit acervo quem struit haud ignara ac non incauta futuri, quę simul inversum contristat Aquarius annum non usquam prorepit & illis utitur antè quæsitis sapiens. Quousque piger decumbis, quando tandem è somno excitaveris? paulisper dormis, paulisper sedes, paululum dormitas, admoues manus pectori, denide paupertas velut egregius cursor ad te venit, & inopia velut celer viator. In iuventute quum nihil colligeris, quomodo invenias in senectute tua? juveni parandum, seni utendum est. Apes quoque venturæ hyemis memores æstate calorem experiuntur, & in medium quæsita reponunt. Æstas tua quid est aliud nisi ætas ista flagrantior? Quid algenti brumę similius quàm senectus? Quem verò tunc tibi huius temporis aut otij fructum sperandū esse proponis, quas messes, si nunc facie laboris exterritus cessas? & desidia torpente consistis? Nudus ara, sere nudus, hyems ignaua colono, Tolera dum vires annique sinunt tolerare labores, dum feruet ætas & viget ingenium, nec expecta donec frigus senectutis obrepat, & æstivæ claritati nubila hyberna succedant.

Dionysij Lebei-Batillij Emblemata.

XIIII.

IN LABORE MVLTV ADIVMETI AD VITA

14

Tu qui defidiam colis, atq, ut in otia, natus,
  Ignauis votis tempora cuncta trahis,
Aspice formicæ lætis quando agmine campis
  Sub tectum aßidua grana reperta vehunt.
Scilicet haud ignaræ hyemis, triftifq̃ ſenectæ,
  Quæ tum prompta ſibi ſint alimenta, parant.

E   AD GER-

Dij facientes adiuvant.

Bubulcus è villa plaustrum agens, cùm hoc in salebris hæreret, & succurrendum esset, ignavus astabat, & Herculem, quem præ omnibus Diis venerabatur, inuocabat. At Deus astans, Admoue inquit, manum rotis & stimula boves, herclè hoc erit tibi argumentum semper in promptu sitū, nequicquā expertes amicos, quod agere tu per te potes: nec ita pendendum ab inuocata divina ope, vt officium tuum prætermittas, Gubernator videns insurgere tempestatem Dei auxilium implorat, nihil segnius interim clauū moderans & antemnam detrahens. Non enim votis neque suppliciis muliebribus, auxilia Dei parantur, sed vigilando & agēdo omnia prospetè cedunt. Vbi socordiæ te atq; igna viæ tradideris, nequicquā Deum imploras, iratus infestuīque est. Languescet industria, intendetur socordia, si nullus ex se metus aut spes, & securi omnes aliena subsidia expectabunt, sibi ignavi, alijs graves, Nihil boni parat otium inane, neque Deus otiantibus assistit. Terram limosam nemo fortunæ relinquit vt ex illa lateres conficiat, neque corium possidens aut lanam, otiosus sedet, fortunam precibus fatigans vt ex hac materia togam & calceos paret. Nempe ars nō expectat fortunam, sed labor, cum Minerva manus admoueaa, Laborantem Deus pariter adiuvat. Sic olim sagittario inuocante Deus affuit, & telum una direxit, sic cytharœdo orthium canenti, quum neruus defuerat, Apollo ipse cicadæ specie respondit.

XV.

AD GERMANVM SAIGEOTVM
Caluimont.

Alcidem lapſo rogat ut ſuccurrat aſello,
  Nec ſe ſe ipſe ſedens ſegnis agaſo ſedet:
Cui Deus, At primùm tu hæc otia tollere debes,
  Primus & ad partes ipſe venire tuas.

AD LAV-

Ad Embl. XVI.

Sedulò officium colendum, nec poſt ſe reſpiciendum.

STVdium eſt boni aratoris aruum rectis ſulcis proſcinde-
re, quod fieri non poteſt, niſi totus operi incumbat, & ad id
quod agit, animū advertat, vt qui, niſi incuruus ſtiuæque in-
nixus & ad aratrum omnino reſpiciens, prævaricatur. Ita, cum nulla
vitæ pars neq; publicis neq; privatis, neq; forēſibus, neq; domeſticis
rebus, neq; ſi tecū agas quid, neq; ſi cum altero contrahas, vacare officio poſſit, in eo rite colendo ſita vitæ eſt honeſtas omnis, & in negli-
gendo turpitudo. Quem finem tibi propoſueris, ad hunc nitere, ad
hunc omne factum tuum dictumque reſpiciat, velūti navigantibus
ad aliquod ſidus dirigendus eſt curſus. Ne deſis operæ. Omnis labor
tuus huc referatur, prior & potior tibi ſit officij ratio quod officio debes, quod huius erit, non averſis, ſed quam maximè intentis oculis, vt
aiunt, acerrimè contemplare, partes tuas imple, teque ad tuum munus
penſumque totus revoca, ordinē non deſere, de ſtatione atq; præſidio
illo tuo inquietus non decede, propoſita cuſtodi & aſſiduo ſtudio robur adde. Nihil turpius dubio & incerto ac timido, pedem modò re-
ferente, modò producente. Quid propoſitum vagi deſerunt, nec quæ
deſtinaverunt, agunt, ſed in quæ incurrerunt : incon-
ſultus illis vanuſque curſus eſt, qualis formi-
cis per arbuſta repentibus quæ in ſummum cacumen, deinde in imum
inanes aguntur.

XVI.

AD LAVRENTIVM ROMEVM,
Rothomag.

SEDVLÒ OFFICIV COLEDV NET POST SE RESPICIEDV

Dum verfa ceruice oculos reflectit arator,
Stultos obliquant deftituuntq́ boues:
Vrge propofitum,fimul & cum lumine,mentem
Obverte officio fedulus ufque tuo.

E 3 AD IO-

Ad Embl. XVII.

Negotiorum respiciendus exitus.

Vi quondam Creta fertur labyrinthus in alta,
Mille vijs habuisse dolum, qua signa sequendi,
Parietibus textum cæcis iter, arripiturque,
Traheret indeprensus, & irremeabilis error.

Vnde qui opus posuerat Dædalus ingenio fabræ celeberrimus artis
vix ipse reuerti ad limen potuit, hunc eundē labyrinthum adhuc exta-
re narrant quidam comperisse, esséque subterraneam specum cava-
tam intra montem, sed maior ex parte vetustate collapsam, quamque
pluribus in locis dirutam incolæ asserant, atque etiam ex industria
pluresaditus clausos, & lege cautum, ne quis introëat, nisi illum senex aliquis indigena, qui meatus illos bene cognitos habeat, accensa face introduxerit. Quot hodie reperias qui tecta noui formā celan-
tia monstri intrarunt, cœcæ non redeunda domus, qui solicitudinis
colligunt causas, & per insidiosum iter vitæ, non tantùm ferunt sarci-
nas, sed trahunt, qui ita longiùs ab affectu eius quod petunt semper
abscedunt, & quo plus operæ impendunt, hoc se magis impediunt,
feruntur retro, quodque euenit in labyrintho properantibus, ipsa illos velocitas implicat. At quanto satius est ire aperta via & recta,
quàm sibi ipsi flexus disponere, quos cum tanta molestia debeas re-
legere? Nempe omnis rei oportet inspicere exitum, quo sit euasura.
Nec accedendum eo unde liber regressus non sit, his admouenda,
manus quorum finem aut facere aut sperare possis. Certè relinquen-
da quæ latius actu procedunt, nec ubi proposueris desinunt. Etiam
atque etiam mi Perricardi, hoc cogita, ne te tuosque omnes
funditus euertas ne te sciens prudensque eo demittas,
unde exitum si oculos aperis, vides nullū esse,
ne mox euentu stolido rerum magistro
damnum irrevocabile
discas.

XVII.

AD IOAN. PERRICARDVM
Rothomag.

NEGOTIORVM RESPICIEND'EXITVS

Dædaleum hoc iter est, iam istius iam comprime gressum,
   Ignotas & ne carpere perge vias?
Aut tibi, mox cæcis illudat flexibus error,
   Vnde pedem sospes vixq, referre queas.

AD Noa-

AdEmbl. XVIII.

Quibus rebus confidimus, ijs maximè evertimur.

Nte omnia necesse est seipsum æstimare, quia seréplu nobis videmur posse, quàm possimus. Alius eloquentiæ fiducia prolabitur, alius patrimonio suo plus imperabit quàm ferre possit, alius infirmum corpus laborioso oppressit officio: Æstimanda sunt deinde ipsa quæ aggredimur, & vires nostræ cum rebus quas tentaturi sumus, comparandæ. Versandum diu quid ferre recusent, quid valeant humeri, debet enim semper plus esse virium in actore quàm in pondere. Necesse est opprimant onera, quæ ferente maiora sunt. In magnam virium fiduciam magnis viribus accingitur fortuna, & interdum ex æquo congredi indignans, vt ostendat quàm fragile animal est homo, dū sibi robustissimus videtur, giganteos viros lęvi pręlio confecit. Herculem ab omnibus invictum vis latentis, mali vicit. Milonem ipsum cunctis celebratum & cognitum palæstris arbor vna detinuit, lacerandumque feris obtulit. Sic robur illud eximium corporis sine exemplo, fissæ quercus robori impar inventum est. Sic polydamas dum unus superiorem speluncæ partem latè fatiscentem sublatis manibus sustinere se posse putat, ruinæ mole oppressus est. qualis prisci illi Celtæ Oceani accolæ domus aut parietis ruinam fugere turpe ducebant, qui & adventanti quoque refluentis maris æstui armati occurrebant, & eò vsque expectabant donec aquis obruti demergerentur. Sic nimia fiducia magnæ calamitati esse solet, sic omnis audacia virium mensuram excedit, sic abnuit natura eundem & valentissimum esse & sapientissimum. Sic non nisi paria viribus suscipienda, quale fuit symbolum Friderici ultimi Imperatoris T. Q. P. id est, tantum quatum possum.

XVIII.

AD NOACVM COMBLEVM, I. C.

QVIBVS REBꝰ CŌFIDIMꝰ IIS MAXIME EVERT[illegible]

Dum Milo jam senior vesano pectore vires
Concipit integritas, Herculeisq; pares.
Et, manibus robur diducere fissile tentat:
Ecce, manus captas unde referre nequit:
Sicq; miser sortem deflens, fluidosq; lacertos
Pendet inhumanis præda futura lupis.
Quid non mortales audax fiducia cogis?
Sed benè habet quòd te tam malus error habet.

Non tutum semper vires oftentare.

Olumbis ineft quidam gloriæ intellectus. Noffe credas
fuos colores, varietatemque difpofitam: quin etiam, ex volatu quæritur plaudere in cœlo, varieque fulcare. Qua in often-
tatione, vt vinctæ, præbentur accipitri, implicatis ftrepitu pennis, qui
non nifi ipfis alarum humeris eliditur: alioquin foluto volatu in
multum velociore. Speculatur occultus fronde latro, & gaudentem
in ipfa gloria rapit. Ita ovis, pedis grauiore fonitu lupum ftulta vocat,
Ita, mifer fuo ipfius indicio perit, cùm clariùs ftridet vel ftrepit
obrodens frivola. Sic tacitus pafci fi poffet corvus, haberet plus dapis,
& rixæ, multò minus invidiæque. Quadrat Emblema in eos qui fibi
ipfi virium pennis inaniter plaudunt, & dum eas oftentant, magis quàm vtantur, obliti fui præda fiunt inimicis, quiùe fi quid bonæ
rei nacti funt, continuò jactant, atque ad eum modum efficiunt vt a-
lij tum obfiftant, quominus eiufmodi plura commoda nacifcantur,
tum quæ nacti funt, intervertant. Atque ita quo fibi maximé placent,
idipfum eos peffundat, jactantiaque hoftibus per commoda, femper fuis exitio fuit. Et ut terra quæ venas aquarum occultat nebulam
quandam exhalat ante folis ortum, longiús intuentibus, ita imprudentes illi femp er aliquid ex fe produnt vnde qui
obfervet, facilimè poffit quales fint
deprehendere.

Dionyſij Lebei-Batillij Emblemata.

XIX.

AD PETRVM FRIDERVM.
Mindanum.

NON TVTVM SEMPER VIRES OSTETARE

Ipſa ſibi pennis plaudit dum Chaonis ales
Accipitri indicio proditur ipſa ſuo:
Qui vires, magis oſtendat quam queis ſciat uti
Hoſtibus haud aliter prodita præda venit.

F 2   AD SIMO-

Periculosam potentiam & vires suas admirari.

VT equæ conspectâ in aquis forma suâ, aguntur in rabiem, ita quidam nimium admirantes sua ad insaniam usque redduntur insolentes. Scilicet ut incontinentes in morbis, sic insipientes in prosperitatibus, curatu difficiles sunt. Omnia sibi licere stolida mortalium temeritas putat, ubi semel aliquo rerum secundarum incremento delinitus est animus. In rebus prosperis & ad voluntatem fluentibus ad superbiam, fastidium, arrogantiamq; prolabitur. Neque quicquam tam intractabile aut morosum quàm homo quem felicitatis opinio corripuerit. Superba est felicitas, Ea corrumpimur, huius & moderationis dividuum est contubernium. Cognoscere difficile est modum quando bona adsunt. Tam cæcæ mentes, tumefactaque corda secundis. Nec facile est æqua commoda mente pati. Mediocria, utilia, vitaliaque sunt, nimia, eo quod superfluunt, nocent. Sic segetem nimia sternit ubertas, sic rami onere franguntur, sic ad maturitatem non pervenit nimia fœcunditas, Idem animis quoque euenit, quos immoderata felicitas rumpit, qui non tantum in aliorum iniuriã sed etiam in suam vertuntur. Sic Tantalus cum magnam felicitatem concoquere non posset, satietate illius decidit in extremam calamitatem. Sic Perseus cum prohibitum ei fuisset, ne Gorgonem suam qua ante se protenta alios in saxa vertebat, aspiceret, atque hoc neglexisset, in saxum & ipse versus est. Sic M. Attilius non statuendo tandem felicitati modum, nec cohibendo efferentem se fortuna, quantò altius elatus erat, eô fœdius corruit.

XX.

AD SIMONEM VITELLIVM
Tricaſſinum, I. C.

PERICVLOSVM POTETIAM ET VIRES SVAS ADMIRARI

20

Ipſa ſui, nimia eſt, rebus ſublata ſecundis
    Mens hominum, & nullum novit habere modum.
Qui modò non dubia reſerebat præmia palma,
    Aegida protendens ſaxificúmq̃ caput.
Diriget ipſe quoque in ſaxum, dum reſpicere auſus
    Non potuit monſtri lumina ferre ſui.

F   3

Quæ-

Nil mortalibus arduum est, Cœlum ipsum petimus stultitia.

Oti;sima Titanum & Gigantum fabula,
Tentavêre, nefas,olim detrudere mundo
Sydera, captiviĝ, Iovis transferre Gigantes
Imperium,& victo leges imponere cœlo
Hîs natura sua est aluo tenus,ima per orbes,
Squameus intortos sinuat vestigia serpens,
Construitur, magnis ad prælia montibus agger,
Pelion Ossa creat, summus premit Ossan Olympus,
Iam coaceruatas nituntur scandere moles,
Impius ĝ miles metuentia cominus astra
Provocat infestus, cunctosque ad prælia Divos
Armatus flamma validos tum Iupiter ignes
Increpat, & iacto proturbans fulmine mentes
Vertit in authores pondera vasta suos,
His bene Maiestas armis defensa Deorum
Restit,& ex illo tempore culta manet.

Quibus nihil aliud intelligimus quàm hominum impiam gentem,sævo trucique animo,dextra quibus Deus & telum,queis ferocia numen & ensis,qui propter virium fiduciam temerè nulloque consilio res non tentandas moliantur, magistratibus vim adferant. Rempubl. oppugnent,Deum ipsum negligant, quibus denique nihil nefas sit,nec in facinore,nec in libidine , sed ad omne flagitium immanis audacia,inauspicatò ipsis cessura,vt sæpius vis consilij expers mole erit sua. Quales pestes & humani generis portenta nullis vnquam defuisse sæculis nulla non comprobavit ætas. Tanta est in permultis avaritia,tantum,ambitionis imperij, divitiarum studium , vt explendæ cupiditatis gratia,nihil sibi non licere putent.Adeò nihil humanæ audaciæ intentatum, nil mortalibus arduum est, cœlum ipsum petimus stultitiâ,neque per nostrum patimur scelus iracunda Iouem ponere fulmina,Incestis Pluton aperit Titanibus auras, Atque sepulta novi surgunt inbella Gigantes, matre sati terra scelerum fœdere inter se ac nefaria societate coniuncti. Sed & ista propago contemptrix superûm sævæque auidissima cædis, & violenta fidens iuventus horrida brachijs, quæ talia vino ausa Tonante, unde periculum fulgens contremiscat domus Saturni veteris.At tandem cœlo tonantem credemus Iovem regnare.

XXI.

NIL MORTALIB'ARDVV EST CŒLV IPSV PETIM' STVLT.

Quænam hominū facie hæc immania monſtra, draconum
Parte ſui caudam poſteriore trahunt?
Montibus atq́, alios alijs ſuperaddere, montes,
In cœlumq́, parant ædificare gradus?
Horrendas iactantq́, minas, & mille lacertos,
Mille & in indigenas tela parata Deos?

Vulgata

Vulgata, non eſt mendoſa licentia fama,
Titanaſ̋ alios nunc quoque Terra creat.
At tu iucundos ignes, at tu ægida ſume
Pro cœlo̧, iterum, Iuppiter, arma cape.
Si benè non illis primùm defenſa fuiſſet,
Nec benè Maieſtas, nunc tua culta foret,

Ad Embl. XXII.

In pacis incendiarios.

Pheſus vrbs clariſſima fuit Aſiæ: Epheſo decus templum Dianæ, magnificentiæ vera admiratio, ducentis viginti annīs communiter à civitatibus Aſiæ factum, cui quod clariſſimum eſſet per totum orbem, Xerxes cum omnia Aſiatica templa igni daret, vni pepercuiſſe fertur. Quæ tamen clementia non illud diù à malo vindicavit. Nam Heroſtratus quidam, vt quod nullo honeſto facinore acquirere poterat, ſceleris ſaltem memoria nomen extenderet, incendium nobilis fabricæ manu ſua ſtruxit. Epheſij autem ne ſperatum inde fructum homo nequiſſimus conſequeretur, edicto caverunt, ne quis unquam eum nominaret. Ita multos reperire eſt qui in malitia & nequitia ſummum obtinere gradum ſceleſta & nefaria ambitione peroptét, itant ad immania flagitia patranda tantùm petulanti à inſtigatos appareat abſque ulla commoditatis ſpe, quæ plerumque homines à virtute avertere ſolet, prudentes ſcelus ob titulos admittere inanes, & nihil minus in inferenda iniuria reſpicere quàm cauſam. Et cùm totius iniuſtitiæ nulla capitalior ſit quàm eorum qui tum quum maximè fallunt, id agunt vt viri boni videantur, atque ipſo volunt ſceleris molimine credi eſſe pij, quantò iniuſtiores Narſetes iſti inſolentes & temerarij, qui quidem re ipſa violenti & ſanguinarij cùm ſint, pietatis tamen ficto cultu fucum nobis faciunt, in quorum ore ſanctum piumque verſetur, conſilio, conatu, animo ſecus afficiantur, qui dum malleolos faceſque ad incendendum regnū comparant, materiaque & flatu civile incendium alunt, religionem tamen prætexunt: *Sequentia verba quare pag. antepen. ſub litera B.*

✳ Qui

XXII.

AD IOANNEM CHEMINIVM
Epiſcopum Condomienſem.

IN PACIS INCENDIARIOS.

Vt qui olim famam ſibi facti à crimine quærens,
    Manſuri & pignus, nominis inde ſui.
Divitijs Aſiæ longoq́ operoſa labore
    Sacrilegâ incendit templa Epheſina, manu:
Tales, queis ficta pietatis gloria certat
    (Sed queis iam nemo credit abeſſe, ſcelus)
Auſi iterum belli ſubjecta exurere ſacra
    Delubrum Pacis relligione ſacrum.

                                    G   Otia

Dionyſij Lebei-Batillij Emblemata.

Otia convertuñt patriæ diſcoribus armis,
Civiliǭ iterum fœdera, noſtra tuba.
Sic jam ut vicinas capiant incendia gentes,
Diffuſa & toto flamma vel orbe ſonet.
At vos qui priſca ſuperatis crimina fama,
Quosǭ agit in tantum, mens furioſa, nefas.
Noſtro hæc haud ſolùm, noſcant vos ſecula ſont es
Sanguine, qui ſitis poſteritasǭ ſciat.

Ad Embl. XXIII.

In Cleones noſtri ſæculi.

Alamandra animal eſt lacerti figura, ſtellatum, nunquã niſi magnis imbribus proveniens, & ſerenitate deficiens: Ita quidam non apparent niſi ſtatu civitatis bello aut ſeditione turbato, iidem rebus pace compoſitis emoriuntur. Vtque qui anguillas capiunt priùs aquam turbant, ita Cleon non poteſt creſcere niſi priùs turbata Republica. Optimi quique paci ac tranquillitati Reipublicæ ſtudent, ſceleratiſsimi maximum bellum & perturbationes concupiſcunt, quibus afflicta fides in pace, rebus turbatis alacres, & per incerta tutiſsimi ſunt, ut qui privatim degeneres, in publicum exitioſi, nihil ſpei niſi per diſcordias habent. Quibus autem quies in ſeditionibus, in pace turbæ ſunt, honores quos quieta Repub. deſperant, perturbata conſequuntur. Quantò quis audacia promptus, tantò magis fidus, rebusǭ motis potior habetur. In diſſidio vel Androclides fit Imperator. In ſuñis difficultatibus etjam Carcinus honoratur. *Sequentia verba quære pag. antepen. ſub litera C.*

*Et

AD S-

XXIII.

AD SIMONEM GRASSVM
Tricaſſ.

IN CLEONES NOSTRI SÆCVLI Q̃ NISI TVRBATÍ REB̃ LATENT

Vt quando cœlum nigreſcere cœpit ab Auſtris,
  Et ruit effuſa turbidus imber aqua.
Carpere tum demum vitales inripit auras,
  Temperie cœli poſt Salamandra perit.
Sic motus inter pàtriæ, belliq̃ procellas
  Quum noſtris feruent omnia diſſidijs.
Emergunt multi pars ignotiſſima vulgi,
  Sole iterum pacis qui redeunte latent.

G 2   AD FRAN-

Belli & rixarum faces.

Anc artem heu nimium callent, multi, ut dissidia serant inter civitates, aut tumultus & bellum suscitent privati compédii & commodi causa, Turba gravis paci, placideq́; inimica quieti, quos æs alienum odiũ & desperatio rerum suarum eodem manente statu, præcipites ad novanda omnia agit, & qui irritatis animis subdere ignem ac materiam seditioni student, qui cum nihil spei, nisi per discordias habeant, inferunt querelas, aut ambiguos de principibus sermones quæq́; alia turbamenta vulgi, familiaritates ac amicitias subvertunt, turbarum faces artificesq́; tractandi animos plebis, quibus deniq́; ut mare quod sæva quietum vẽtorum rabies, motis exasperat undis, sic populus sua sponte placatus ut violentissimis vocibus attollitur. Qualis ad bella excitanda, discordiamq́; in populos dividendam, pacemq́; lacerandam teterrimæ inferum exire finguntur furiæ, nunc cum flagello nunc cũ face, nunc tuba bellicum canere.

Intremuêre tuba, scisso discordia crine
Extulit ad superos Stygium caput.
Sanguineam tremula quatiebat lampada dextra;
Quam cum sanguineis sequitur Bellona flagello.

Quale sub Theodosio Imp. Antiochiæ nocte præcedenti postquam succedenti die seditio mota ibi fuit populo concitato in Imperatorem, spectrum mulieris visum magnitudine inusitatum, & aspectu horrendum, quod quidem in sublimi per civitatis plateas discurrens acrem diverberaret flagello horrisono, ut quemadmodum ad iram feras incitát ii, qui ad hujusmodi spectacula operam suam navant, ita hanc seditionem dæmon dum insidiis genius aliquis malus commovisse visus sit.

XXIIII.

AD FRANCISCVM CASPARVM, Tricaſſ. I. C.

BELLI ET RIXARVM FACES.

24

Sunt qui odijs verſare domos, rixasq́; ſerendo
Concordes ſoleant pellere in arma viros.
Prædam ipſi intereà ſibi rivum in turbine quærunt,
Rem faciant tantò commodiusq́; ſuam.
Qualis ut oppoſitas arces committat Enyo,
Iniicit accenſas inter utramq; faces.
Sanguineúmve manu quatit horrida diva flagellum,
Tartareâ in pugnas exſtimulatve tulâ.

Ad Embl. XXV.

TAlis eft ferè conflictatio regum inter fe belligerantium u-
triufq; malo, qualis ollæ cum olla collifio. Videntur pares qui
non fecerunt inter fe periculũ virium, qui fecerunt hos nõ rarò pœnitet etiam qui vicerunt, & utriq; parti fæpe tantundem accidit in-
cõmodi: Mars communis eft qui fæpe fpoliantem jam & exultantem
emetit & perculit ab abjecto, fæpe proprius periculo funt qui vicêre
victoriæquè nomen penes victores eft, cæterum pro victis fortuna
& illos gerit. Ita in perfequendo bello & victis & victoribus fæpius eft
pereundum. Cadmea hæc victoria eft quæ fuit fratrum apud Thebas
hic principibus in bella ruentibus plerunq; exitus eft, quùm mobiles
animos fpecies injuriæ perculit. Aguntur ftatim & quò dolor traxit
eò ruunt, ruunt in pugnam, certamina fibi accerfunt, imbecillitatis;
obliti & ad frangendum fragiles confurgunt, non fine pernicia fua,
perniciofi, & ea deprimentes quæ mergi nifi cum mergente non poffunt. Accidit autem fæpe ut nonnulli alii veluti aquam luxatis & dif-
junctis afpergentes, fubvertant familiaritates, odio habentes ambos,
quidem quos inter fe committunt, fed infidiantes ei, qui ob infirmi-
tatem citius cefsurus fit. Quis non vidit inter matutina arenæ fpecta-
cula tauri & urfi pugnam inter fe colligatorum, quos cum alter alterum vexarit, fuus confector fpectat. Idem faciunt principes alii in
alios furentes, feque invicem lacefsentes, quibus victo,
victoriíq; finis æquè maturus im-
mincat.

Dionyſij Lebei-Batillij Emblemata.

XXV.
AD CLAVDIVM à ROVSSY-
Orignium.

BELLORV EVĒTV VT RIVSQ. PARTIS MALO.

25

Dum paribus luteæ concurrunt viribus ollæ,
In varias partes utraq̢, quaſſa perit,
Hunc finem inveuiunt belli ſapiſſime Reges,
Cum victo victor ſorte caditq̢ pari.

AD PHI-

Eventus belli civilis imago.

VT Hominibus, sic urbibus & magnis imperiis sui morbi nunc extrinsecus obrepunt nunc ipsum intra corpus exoriuntur, in quibus sunt seccessiones, simultates, discordiæ & bella civilia. Alter alterum inflammat, singuli furorem publicum exciverint, tum demum furor publicus singulos urget ac præcipitat, qui velut tempestate correpti non eant, sed agantur, & furenti malo serviant, ad arma protinus discurrant, alii in alios quam maximo possunt impetu ruant, non sine pernicie sua perniciosi pericula appetentes sua, gaudentes feriri & instare ferro, & tela corpore urgere & per suum vulnus ex ira cędentes pariter, pariterq́; ruentes victores victiq́;. Est ubi plus vulnerum ac funerum victoriosa pars computat. nihil tam magnum ut non nimio queri possit. Et bella utriusq́; partis pænæ sunt. Sæpe pars utraq; & perimit & perit. Sic fortuna regit semper civilia bella, ut victo victor non superesse velit, suoq́; Marte cadūt subiti permutua vulnera cives, seu qui finguntur ex dētibus serpētis Cadmei nati homines armati qui omnes se mutuis ipsi vulneribus confecerint. Qualis dimicationis inter elephantem & draconem finis est, ut & elephas quē circumflexu ambit hostis nixuq́; nodi præstringit, victus corruens complexū draconem elidat pondere, ut vix quidquam tam imbecille natum est, ut sine elidentis periculo pereat: Qualis eventus pugnæ Aquilæ cum dracone, quem rapit ubicunq; visū ille multiplici nixu alas ligat ita se implicans, ut simul ab aëre decidant, quale cum eadem internecium bellum gerit nocturnus accipiter cymindis dictus, adeò ut cohærentes sæpe præhendantur. Hoc inter homines belli civilis casus ferunt Marsq; communis. Hoc jam proprium patriæ naturæ malum quod omnibus est commune, nisi hæc belli species plusquam civile bellum dici debet, ubi non solum cives sed cognati etiam inter sese cum utriusq; partis pe. nicie pugnant quale inter Cæsarem & Pompejum fuit, de quo dictū est.
Ille locus fratres habuit locus ille parentes.

Dionyſij Lebei-Batillij Emblemata.

XXVI.
AD PHILIPPVM SENNETONIVM.
Verribium.

EVENTVS BELLI CIVILIS IMAGO.

Qualis ubi caudâ ſpatioſi corporis hoſtem eſt
Complexus, modu implicuitq̃ draco.
Iam ſe & victorem credit, ſimul ipſe ruentis
Mole feræ preſſus terga caputq̃ perit.
Sic pereunt noſtri per mutua vulnera cives,
Victoresq̃ ſimul victi & utriq̃ cadunt.

H   AD NI-

Reconciliatio.

Vercus & olea tam pertinaci odio difsident, ut altera in alterius fcrobe depacta, moriantur, immo etiam quercus excifa radices, noxias oliveto relinquit, quarum virus enecat oleam. Hæc verò cum fit Pacis Hieroglyphicum, manfuetudinis ac lenitatis judicium, cujus liquor non folùm emolliat corporis omnia tum interna, tum externa, fed tempeftates etiam & maris procellofos fluctus fedare dicatur, excogitatum eft quercum (ea præterea infignem afperitate quæ omnibus confpicua eft) olea implicare, cùm iracundiam atq; inexorabilem animi afperitatem fefe ad lenitatem dedifse aut daturam efse fignificandum erit.   Et quis dies futurus eft nobis qui publica tollat belli femina, quæ populos femper merfêre potentes ? qui rabiem civicam qui furorum arma miniftrantem, qui vim eximentem ociñ, iramq; leniat, iram quæ procudit enfes, & miferas inimicat urbes? qui Hefychiam illam pacis comitem, laborum medelam fanitatemq; animis reddat. Nunquam afpera pofitis mitefcent fecula bellis? Nunquam prifcus amor redeat diductofq; fratres jugo pacis cogat aheneo? Nunquam hęc rapiet difcordia finem ? Nunquâ à diuturnis difsentionibus conquiefcemus ę Parum ne campis atq; Neptuno fuperfufum eft Gallici fanguinis, num fatis jampridem fanguine noftro, noftra ipfi luimus perjuria ? Nunquam reconciliabitur gratia? Perpetuus erit belli civilis amor, perpetuaq; cura, femperque inimicitias iftas Pelopidarum renovare juvabit ? Nemo acum & filum fumet ut hanc rupturam confuat? Tu falubris providentiæ miniftra quæ victos victoribus irâ in amicitiam mutare permifcere foles, Tu hoc age, frondibus Acliacis comptos redimita capillos pax ades, & noftro mitis in orbe mane.

XXVII.
AD NICOL. HARLEVM-SANSCIVM.

RECONCILIATIO.

Miti dura, neue fuerit ſi quercus amore
    Iunctæ olæ, Pacis propera ſcyna dabit,
Quæ, mollire animis tumidas diſcordibus iras
    aſpera quæ ad ſeſe flectere corda queat,
Irarum cauſas, odij quæ ſemina tollat,
    Diductaſque iterum, nectat amicitias.
Diviſos Pax alma redi coniungere fratres,
    Diuiſis iterum Regibus alma redi.

                    H 2   AD IOAN.

Ad Embl. XXVIII.

Paci ſtudere præſtat quàm bello.

 Arrant Poëtarum Hiſtoriæ, enata fortè in Athenarum arce oliva, ſed & aquarum ſcaturigine mox emanata, Cecropen id temporis Regem animo ad hæc prodigia obnoxio, ſanaq́, territum, & ne futurarū calamitatum hæc portenta forent prænuntia, ſciſcitatum Apollinis oraculum miſſiſse certos homines qui & oſtenti cauſam perquirerent, & avertendæ deorum iræ, ſi quid illi minitarentur rationem diſcerent. Legatis verò reſpondiſse Pythiam, juſſiſseq́; interim bono ut eſſent animo, neq; enim oſtentum id hominum malo aliquo factum, ſed deorum duorum contentione certantium inter ſe, uter Athenis imponendi nominis author eſſe debeat, per oleam enim Minervam, per undam Neptunum ſignificari, Quod autem hîc de unda, alii de equo Neptunio tradidêre. Porrò cùm dii duodecim à Iove judices dati eſsent qui hanc litē ſolverent, urbemq́; adjudicarunt illi qui rem utiliorem generi humano protuliſſet, eos Cecrope Rege teſtimonium dicēte pro Pallade pronuntiaſse, ejusq́; dona donis Neptuni judicata potiora, quamvis hæc eſsent ſuperbiora & ad amplitudinem urbis & imperii latitudinem promovendam magis accomodata, quod oliva inter alia pacis ſignū ſit, quæ bonorum omnium opulētiam & ubertatem ſecū afferat. Pax optima rerum quas homini noviſse datum, pax una triumphis innumeris potior, cum etiam arma ſignificata per equum (Bello armātur equi, bellum hæc armenta minantur) ideò inferri dicātur, ut poſtea in pace vivatur, Qua ei ſymbolo fertur uſus Martianus Imp. Quando in pace vivere poſsumus, non eſt opus induere arma. Et quis tam ſtultus ſit qui paci bellum præferat? num pax vel injuſtior non utilior cenſenda quàm juſtiſsimum bellum cum civibus, Qui aliter ſentit ille ſine cognatione ſit & nunquam deſinat à cubito ſagittarum cuſpides eximire.

Dionyſij Lebei-Batillij Emblemata.

XXVIII.

AD IOAN. POICTERCINIVM,
Agendic. I. C.

PACI STVDERE PRÆSTAT QVAM BELLO.

Quo quisq, Actæam ſibi pignore vindicet urbem:
  Decertant Pallas Tanariusq, Deus.
Edit Terra ferum, Divi percuſſa tridente,
  Cum baccis oleum cuſpide facta Dea.
Miratus Cecrops, Pacis tandem omina præfert:
  Iudice & hoc vincit non dubitante Dea.

H 3   Adver-

Quem nulla pericula terrent.

ADamantes incudibus deprehenduntur, ita respuentes i-
ctum, ut ferrum utrinq; disfultet, incudesq; etiam ipsæ disfi-
liant. Quippe duritia inenarrabilis est, simulq; ignium victrix natura & nunquam incalescens. Nec secari nec cædi vel teri potest, sed incurrentia ultrò retundit. Vnde & nomē indomitæ vis græ-
ca interpretatione accepit. Quemadmodum quædam alia non pos-
suntigne consumi, sed flamma circumfusa rigorem suum habitum-
què conservant. Ex hac tibi nota virum fortem exhibeo quem bella
non subigunt nec admota vis hostilis exterret nec refert quàm multa
in illum conjiciantur tela, cum sit nulli penetrabilis, cui arma & acies,
dant argumenta alacrioris semper animi indomitíq; terroribus, quale certius robur est quod non vincitur, quàm quod non lacessitur, &
dubiæ sunt vires in exportæ, at meritè certissima firmitas habetur quę
omnes incursus respuit, & vir fortis melioris est naturæ, si nullius illi
injuria nocet, quàm si nulla sit. Et quemadmodum projecti in altum
scopuli mare frangunt, nec ipsi ulla sævitiæ vestigia tot verberati pro-
cellis ostentant: Vtq; tot amnes tantum supernè dejectorum imbri-
um, tanta mediterraneorum vis fontium non mutant saporem maris,
nec remittunt quidem, ita viri fortis animus solidus est, & id robo-
ris collegit ut quā maximè tutus sit, ita adversarum impetus rerū illius non vertit animum, manet in statu, & quicquid evenit in suum
colorem trahit. Est enim omnibus externis potentior, Nec hoc dico,
non sentir illa, Nec enim lapidis illi duritiem ferriuè asserimus, sed
vincit & alioquin quietus placidusq; contra incurrentia attollitur a-
nimo contra calamitates forti et contumaci. Omnia adversa exerci-
tationes putat. Quosdam ictus recipit, sed receptos evincit, sanat &
comprimit. Has habet quo illa respuat pulcherrimā omnium virtutē,
animi magnitudinem, qua ea que videntur acerba, quæ multa & varia
in hominum vita, fortunaq; versantur, ita fiet ut nihil à statu naturæ decedat, nihil à dignitate sua erecto semper & minime perturbata est animo, etiamsi premitur & infesta vi urgetur, non cedit, non
metu frangitur, invictúq; se à labore præstat; sic contra casus indurat,
ut nec inclinari quidem, nedum vinci possit. *Sequentia verba quare in*
fine sub litera E. * Inter.

Dionyſij Lebei-Batillij Emblemata.

XXIX.

QVEM NVLLA PERICVLA TERRENT,

29.

Aduerſa uſque licet Regem fortuna laceſſat
  Vſque licet ſauas intonat illa, minas,
Obnixus contra, non cedere, ſuſtinet ille
  Cladibus obdurat fortior atque ſuis.
Virtute ipſa ſua ſe ſe inuoluenſque, recentes
  Inuictus vires ſufficit ipſe ſibi:
Qualis, non Adamas ullo contunditur ictu,
  Vique ſua ferri duritiem ſuperat.

                                        Macte

Dionyſij Lebei-Batillij Emblemata.

Maɛte iſta virtute Iouis certiſſima proles
Infragilem quem tot dura pericla, premunt,
Quem, non diua ſocrus, quem non Sthenchleius hoſtis
Non quæ circunſtant vincere monſtra valent
Maɛte iſta virtute Iouis veriſsima proles
Non niſi qui fuſo victor ab hoſte redis:
Sic ſupra ipſe tuos purgare perge labores,
Sint claua & ſemper fortia faɛta tuæ.

Ad Embl. XXX.

Majore fortuna quàm ſapientia.

SAEPE praua magisquàm bona conſilia proſpicè ev-
niunt, quia pleraſq; res fortuna ex libidine ſua agitat. Multa mala conſulta quam hoſtes inconſultiores naɛta ſunt, felicē
exitum habuerunt & longè plura quę reɛtè conſulta videbantur, contra turpiter ceciderunt.   Multi ſunt inconſulti felices, malis conſiliis utentes, minime autem dextre, quibus quod malum videbatur
cedit in bonum.   Qualis notata eſt Athenienſium δυσβυλία quam
Neptunus à Minerva viɛtus cum non poſset regione Attica potiri,
immiſiſse illis fertur, ſed quorum malè inſtituta & quod ipſi ſocor-
diter conſultaſsent, Minerva civitatis Præſes bene vertere conſue-
viſset, tributumq́; inde ipſorum urbi ut magis fortunata quàm pro-
vida diceretur.   Ita in nonnullis proſpicè agunt ſtolidi, & non̄raro
velutin arte navium gubernatrice, peritiſsimi etiam parùm ſecundā
fortunā experiuntur, ac velut in aleæ jaɛtu alius nihil, alius multū lu-
cratur. Ea fortunę ludibria ſunt, mirificè quoſdā fovet, omnia quę ſine
labore eis ſuggerit, ſunt quidam hoc ſeculo ut ad amplitudinem & res
bene gerendas divinitus iis adjunɛta fortuna atq; etiā venti ipſi tem-
peſtatesq; obſecundare videantur. *Sequentia verba quære pag. antepen. ſub*
litera D.   * Et

AD NI-

Dionyſij Lebei-Batillij Emblemata.

XXX.

AD NICOL. PITONEVM CHANGO-E bertium Tricaſſ.

PLVS HEVREVX QVE SAGE.

Huic urbes captas fortuna in retia cogit,
Dum iacet, & molli membra quiete levat.
Sic multis mens læva, quibus ſint numina dextra,
Et malè res capta, res bene ſemper cat.

I   AD CA.

Ducis & Principis vigilantia.

Igilantia & folicitudo maximè conveniunt Principi, qui tantam farcinam fuftinet humeris, qui impofitum fert unus onus, cujus vigili omnium domos, omnium otium labor, omnium delitias induftria, omnium vocatione defendit occupatio. Ex quo fe illo Reipub. dedicavit, fibi eripuit, & fiderum modo quę irrequieta femper curfus fuos explicât nunquâ illi licet nec fubfiftere nec quicquam fuum facere, nobilioribus animis curę vigiles impendent. Boni Ducis officium eft fuorum falutem in vigilantia fua, non in aliena fide fitam arbitrari : Vigilare eum oportet qui vult fua tempori conficere negotia, nemo ftertendo victoriâ cepit. Turpe duci totam fomno confumere noctem, vigili ftant bella magiftro. Populis ftertentibus vigilant Reges, fopitoq, duces vigilant exercitu, quod & res docet & Ilias probat Homerica, ubi Iupiter folus vigilare fingitur diis omnibus reliquis dormientibus, folusq; fecum perpendere bellorû eventus, & quo pacto res fint tractandæ, folus & Agamemnon, dum reliqui Danaum proceres noctem ufq; per omnê domirent. Sic in Aeneide, & pius Aeneas per noctem plurima volverit. Et legum cuftodes Plato vult noctu furgere, & Socrates gubernatores in fomno capiendo continentes efse, ut pofsint & tardè dormire & ante diluculum furgere & vigilare fi opus fit. Sic Agefilaus fomno non domino fed rebus agendis fervienti utebatur. Alexander magnus ænea côcha fuppofita brachio extra cubile protento pilam tenebat argenteam, ut cùm nervorum rigorem fopor laxafset. Epaminondas Thebanis folutiùs diebus feftis computantibus folus vigil ac fobrius arma luftrabat, & urbi obambulabat mœnia infufus, geftaminis lapfi tinnitus abrumperet fomnum. Vlpius Marcellus à Commodo Imp. adverfus Britannos mifsus, dux omnium vigilantifsimus, quamquam fomno alioqui refifteret, natura tamen quo magis id facere pofset, inedia perfecerat. Iulianus Imp. nocte dimidiata femper exfurgebat, & quoties voluit, evigilavit. Et Georgius Caftriottus Scanderb. quo tempore Epirum recepit, duabus horis tantum per fingulos noctes fomno indulfifse fertur.

XXXI.

AD CAROLUM LUXEMBURGIUM COmitem Briennensem & Ligniacum.

VIGILANTIA DVCIS
31

Turpe duci totas somno perducere noctes,
Qui belli totum sustinet unus onus.
Sensit Alexander, quum, ne violentia somni
Incautum opprimeret, languidiorq; quies,
Apposito iuxta super exertabat aheno
Extentam, globulo semigravemq; manum.
Qui daret elapsus sonitum, strepitusq; sonoros,
Excussus stratis excuteretq; sopor.

Ad Embl. XXXII.

A prudentia victoria.

NON minus est Imperatoris consilio superare quàm gladio : Quin semper in bello plus ingenio quàm robore corporis homines posse, pluraq; in summa fortuna auspiciis & consiliis quàm telis & manibus geri compertum est. Non solis viribus æquum credere, sæpe acri potior prudentia dextra est. Hæc ut plurimum bonam fortunam donat, fortuna verò prudentiam non facit, neq; ulli plus quàm consilium valet, ducis autem in consilio posita est virtus militū, & qui rectè sapiunt, ubiq; vincunt. Inventus in urbe vir sapiens, liberabit eā ab obsidione per sapientiā suam : contrà civitatem fortium ascendet destruetq; robur fiduciæ ejus, cum dispositione initur bellum, & erit salus ubi multa consilia sunt: quorum cum prudentia, mater sit parùm arma proficiunt, nisi quæ per eam administrantur. Indicant id statuæ Palladis ubi qua armatæ, & à prudentia victoriam, bellaq; vi non geri, sed consiliis quibusvis ipsa belli cedat, notabat statua Bacchi Lacedæmona lauream gerens lauro circumfusam, cujus foliis & ipsa laureæ cuspis tecta esset. Ideoq; Carthaginenses suos duces bella pravo consilio gerentes, etiam si prospera fortuna subsecuta esset, cruci tamen suffigebant. Annibal Fabii Max. dictatoris prudentiam non vim extemplo timuit, tacita cura animum incensus quod cum duce haudquaquam. Flaminio Sempronioq; simili futurā sibi rem esse videret. Et Fabius ipse sacrorū causa, Romam revocatus, cum M. Minutio Magistro equitum agebat, ut plus consilio quàm fortunæ cōfideret, atq; cum ejus cunctatio accusaretur à M. Metello Trib. pl. dicebat si penes se summa imperii cōsiliiq; esset, propediem effecturū ut scirent homines bono Imperat. haud magni fortunā mometi esse mentē rationemq; dominare. Tantò autem major est gloria victoriæ à prudentia Imperatoris quod ipsius propria est, nihil illi ex illa Centurio, nihil præfectus, nihil cohors, nihil turma decerpit, neqq; ullam partem sibi vindicat fortuna, nunquam enim temeritas cum sapientia commiscetur nec ad consilium casus admittitur.

Dionyſij Lebei-Batillij Emblemata.

XXXII.
AD IOACHIMVM TINTEVILLANVM.

A PRVDENTIA VICTORIA.

Sæpe animis etiam in bello Prudentia, ſæpe
Acri etiam dextra eſt, viribus & potior.
Et quæ cum dubijs victoria quæritur armis,
Conſilij poſita eſt omnis in arbitrio.

I 3 　　　　 AD FRAN

Dimidium victoriæ hostem noscere.

Vi feras venantur, priùs naturam earum expendere, consiliumq́; pro moribus & ingenio cujusq; capere solent, ut eas fallere vel cum minore periculo aggredi , faciliùsve domare possint. Injecto in oculos sago, leo sine ullo negotio capitur , alioqui inexpugnabilis. Quam rationem Romæ principatu Claudii casus docuit, pudendam penè talis feræ nomine , pastoris. Gætuli sago contra ingruentis impetum objecto : quod spectaculũ in arenam protinus translatum est, vix credibili modo torpescente tanta illa feritate, quamvis levi injectu operto capite , ita ut devinciatur non repugnans , videlicet cujus omnis vis constat in oculis. Quo minus mirũ fit à Lysimacho Alexãdri jussu simul incluso strangulatam leonem, cujus eam naturam ille perspectam haberet. Ita proprium optimi ducis officium est, consilia & naturam hostium intelligere, eosq; bene cognoscere quo maximè pacto capi possint. Et Chabrias optimos Imperat. esse dicebat qui res hostium notissimas haberent. Ac sicut medico diligenti priusquã conetur ægro adhibere medicinã, non solùm morbus ejus, cui mederi volet, sed etiam cõsuetudo valentis & natura corporis cognoscenda est, sic providus Imperator qui bellum alii movere parat, priusquam ultimo periculo tentet, omni mente in ea cogitatione curaq; versatur ut odoretur quàm sagacisimè possit, quid sentiant quidve existiment hostes, quàve falli aut capi facillimè posse videantur, ut nec adversari vel repuguare valeant. Hæc belli furta pulcherrimam habent gloriam, & ut plurimùm ex animi sententia rem bene gerat, hostemq́; etiam potentissimum facile superare & opprimere poterit, qui illius ingenium & vires optimè animadverterit.

Dionysij Lebei-Batillij Emblemata.

XXXIII.

AD FRANCISCVM LVXENBVRGIVM

Ducem Pinacij.

DIMIDIV VICTORIÆ HOSTEM NOSCIBE

Quantummis sanos poteris franare leones:
Iniecta his oculos si, modò veste tegas.
Sic quorum ingenium viresque expenderis antè
Post facilè oppressos & superare potes.

AD PHI-

Consilium & perseverantiam plus posse quàm vires.

Ertorius proscriptione Syllana dux Lusitanorum fieri coactus, cùm eos oratione flectere non posset, ne cum Romanis universa acie confligere vellent, vafro consilio ad suam sententiam perduxit: duos enim in conspectu eorum constituit equos, alterum validissimum, alterum infirmissimum: ac deinde validi caudam ac imbecill sene paulatim carpi, infirmi à juvene eximiarum virium universam convelli jussit. Obtemperatum imperio est. Sed dum adolescentis dextra irrito se labore fatigat, senio confecta manus ministerium executa est. Tunc barbarae concioni quorsum ea res tenderet cognoscere cupienti, subjecit, equi caudæ consimilis est noster exercitus, cujus partes aliquis aggrediens opprimere possit, universum conatus prosternere, celerius tradiderit victoriã, quàm occupaverit. Ita gens barbara & aspera & regi difficilis, in exitiũ suum ruens, quam utilitatem auribus respuerat, oculis pervidit. Sic in omni negotio nimio plus habet momenti ratio consiliumq; quàm vires. Roburq; ingenii & moderatricis prudentiæ expers, amens fertur, omnia confundens. Plura consilio quàm vi perficiuntur, nec viribus aut velocitatibus aut celeritate corporum res magnæ geruntur, sed consilio & prudentia. Quin multa quæ natura impedita sunt eo expediuntur, Quæ vox fuit Annibalis ad Tarentinos cùm plaustris transuehendas naves per urbis vias in mare ad arcem obsidendam suscepisset. Qui dubiis ausis committere fluctibus alvum, quas natura negat præbuit arte vias, sapientia gubernator navem torquet, non valentia consilio auriga aurigam vincitq; præitq; sapientia urbes & agros regit, vir ea præditus præstantior est, & agros regit, vir ea præditus prestantior est robusto. Lentus vir prudéter capiet celorem hominem & superat qui consilium in numerato habet, licet non perinde manu strenuus. Mens una sapiens plurium vincit manus: ut qui rectè deliberat, is contra hostes magis pollet quàm qui temeraria viriũ ferocitate fretus in eos fertur & factis aggreditur. Sic unquam vires consilio potiores, sic caudæ pilos equinæ paulatim vellet qui quod viribus atq; impetu fieri nequit, id tempore atq; assiduitate conficit, perseverantia plus efficitur quàm violentia, multaq; quę simul opprimi nequeũt, paulatim atteruntur. Adeò intolerabilis est vis perennitatis qua omnes insequens tempus evertit & conficit vires, placidéque adsistit iis qui consilio ejus operiuntur oportunitatem, at intempestivè urgentibus est inimicissimum.

XXXIIII.

AD PHLIP. HVRALTVM-CHIVOR-
nium, Galliæ Canbellarium.

CÕSILIV ET PERSEMBATIAM PL⁹ POSSE QÃ VIRES

Binas in partes bina hîc certamina cernis
Depicta, & ſignis quæque notata ſuis.
Hinc membris & mole valens & viribus audax,
(Quales Romanis Thracas arena dabat.
Stans iuvenis, nudo manuum conamine caudam
Invalidi fruſtra vellere tentat equi:
Pigmæo inde alius brevior, iam & ſegnior annis,
Et cui vix tenuis contegat oſſa cutis.

K   Acris

Dionyſij Lebei-Batillij Emblemata.

Acris equi vegetij, pilos caudæ extrahit omnes,
Dum paulatim unum demit, itemq́; alium.
At plus iſta mihi eſt quàm quod videatur, imago,
Conſilio vires ſuppoſitasq́; notat.

Ad Embl. XXXV.

Quod viribus nobis diminutum eſt, arte ſuperatur.

Vando quippiam præter naturam oportuerit facere,
difficultate ſua hæſitationem præſtat, arteq́; indiget. Quã-
obrem eam artis partem quæ hujuſmodi ſuccurrit difficultatibus, mechanicam appellamus. Quemadmodum enim Anti-
pho ſcripſit poëta, Arte ſuperamus ea, à quibus natura vincimur. Hujuſmodi autem ſunt in quibus & minora ſuperant majora, & quæ-
cunquè momentum parum habent, magna mouent pondera, &
omnia ferè illa quæ mechanica appellamus problemata. Qualia Ar-
chimedis fuêre inventa, inter quæ predicãda maximè Helice quæ hîc
vectis nomine ſignificatur, clavicula aliis vitis vel viticula dicta,
machina parva, cochlearum inſtar claviculatim ſpiratimq́; ſtriata,
cujus circumductu graviſsima attolluntur & ſuſtinentur pondera, &
quæ quiſpiam virium imbecillitate loco movere non poſsit, ea ipſa
facilè commovemus. *Sequentia verba quære in fine ſub litera G.* Et

. AD IO-

XXXV.

AD IOAN. TRAVALTVM CIVEM
Metensem.

QVOD VIRIB'NOBIS DEMINVTV EST ART SVPAT

Pondera quòd vectis valeat tam vasta movere,
inq́, altum tanta tollere mole onus.
Quanto hominum, v.ulla valeant subsistere vires,
Quotta nunc hominum corpora terra creat,
Mirandus faber Ars, Natura operosior ipsa,
Viribus ipsa suis ingeniosa facit.

K 2   AD PE-

Quantò plus ad meliora vel dereriora studia conferat institutio &
educatio quàm genus.

AD virtutis perfectionem tria oportere concurrere pro-
nunciant philosophi & morum magistri, naturam nimirum,
educationem vel doctrinam, & assuefactionem vel exercita-
tionem. Sed hæc duo postrema ad eam concipiendam longè plus ad-
ferunt momenti quàm genus aut natura. Quod Lycurgus common-
strare volens Lacedæmoniis, ut eos exusitata delicatæ vitæ ratione
ad magis sobriam traduceret, virtutisq́; studiosos redderet, produ-
ctos in concione duos catulos iisdem natos parentibus, sed quorum
alterum domi desidentem, alterum indagini & venationibus aptum
educari curaverat, posita in medio patina cum quibusdã gulæ irrita-
mentis & lepore, dimisit, moxq́; alter leporem alter patinã petiit, ad
id vterq́; se invitans ad quod erat assuefactus. Neq́; enim in generan-
tur mores tam à stirpe generis & seminis, quàm ex iis rebus quæ à vitæ
consuetudine suppeditantur Atq́; iidem Græco sermone nihil sunt
quàm assuefactio diuturna, neq́; abs re morales virtutes dixeris virtutes consuetudinis eorum lingua. Ac planè perparvi refert quibus
majoribus sis natus, sed multò maximè quibus rationibus educatus,
quibusq́; moribus sis institutus, qui sunt quasi cunabula & elementa
virtutis, certissimaq́; indolis experimenta, & plerosq́; iis moribus &
institutis similes evadere necesse est, quibus singuli educati fuerint.
Neq́; enim dat natura virtutem. Ars est bonum fieri. Virtus non
contingit animo nisi instituto & edocto, & ad summum assidua ex-
ercitatione perducto. Ad hoc quidem, sed sine hoc nascimur, & in
optimis quoq́; antequàm erudias, virtutis materia, non virtus est,
doctrina vim promovet insitam, rectiq́; cultus pectora roborant. At
sicut in sentes ager qui est natura fœcundus exuberat, sic animus in-
cultus vitiis sua sponte invalescentibus velut spinis obducitur: Vt-
cunq́; verò defecere mores, dedecorant bene nata culpæ, ut multos
referre liceret qui ab avitarum imaginum splendore degenerent
teterrimis ignaviæ ac nequitiæ fordibus imbu-
ta nobilia portenta.

Dionyſij Lebei-Batillij Emblemata.

XXXVI.

AD PETRVM PITHOEVM
Tricaſſin. I.C.

QVATO PL COFERAT ISTITVTIO ET DVCATIO OR GENVS

En quàm diverſi, nati ambo parentibuſ ijsdem,
 Diverſa hîc animi dant documenta canes,
Venandi ad ſtudium teneris formatus ab annis
 Immiſſam inſequitur dùm celer ille feram,
Hic alter contrà deſes nutritus in aula,
 Proiectos rapido dùm petit ore cibos.
Sic genus excolitur ſtudijs, ſic degener exit
 In vitium inculta Nobilitatis honos.

K 3   AD IL

Philosophia maximè nobilitari homines, in prudentia omnis defensionis rationem continere.

AChillis hic est Homericus clypeus, cui Vulcanus miranda insculpserit insignia, non illa quidem à splendore majorum Achillis petita, non sceptrum aut fulmen aut tridentem non Thyphonem fumos ore efflantem, non Sphingem, aut Gorgonis colubri ferum caput, non Minotauros, Harpyas, ursos, leones, non centum angues aut cinctam serpentibus hydram, & id genus horrendas beluarum facies, quibus illa terribiliora redderentur, apta scilicet & convenientia iis quibus præter majorum decus nihil amplius ascribi possit: sed omnem syderum veritatem, belliq; & pacis artes omnes & officia, nulla ferè earum rerum parte quæ ad gubernationem hominum pertinet, omissa. Quo nihil aliud significatum voluit ingeniosissimus poëta, quàm ea quæ habent speciem gloriæ collecta ex inanissimis splendoris insignibus, contemnenda, verum decus in virtute positum esse, quæ maximè illustratur magnis in Rempub. meritis, atq; ita nos à Philosophia non otiosa & inerti, sed quæ ad usum & res gerendas revocetur, præcipuè nobilitari, illudq; nobis firmissimum contra omnes fortunæ impetus scutum fore, si virtutis & sapientiæ panoplia armati fuerimus, animumq; studiis & dotibus illarum excoluerimus. Nobilitate quidem generis quemadmodum alia aliqua re honesta gloriari non indecorum est, tamen parum est ad eam cofugere si nullum aliud fuerit bonum proprium. Veritatis lex proprias cujusq; requirit laudes. Nec idcirco equus est celer, si ex celerrimis natus sit, sed ut cæterorum animalium in se quoque spectatur sic viri laudes sua cujusquè præclara facta testantur. Nec optimum frumentum ex pulchritudine agri æstimamus, sed ex eo quòd cibum optimum habeat, nec virum bonum qui ex nobili sit propagatus genere, sed qui optimis præditus sit moribus. Quis generosum dixerit hunc qui indignus genere & præclaro nomine tantùm insignis? Stemmata quid faciunt, quid imaginibus quid avitis fulta triumphis atria, quid pleni numeroso Consule fasti profuerint, cui vita labat? Inanis hæc est ambitio, non suo merito, sed aliorum oblivione subnixa. Nemo in nostram gloriam vixit nec quod ante nos fuit, nostrum est. Et genus & proavos & quæ non fecimus ipsi, vix ea nostra vocem. *Sequentia verba quære in fine sub litera H.*

Nom

XXXVII.

AD ILLVSTRISSIMVM CAROLVM
Cardinalem Borbonium.

PHILOSOPHIA MAXIME NOBILITARI HOMINES.

Mirandum clypei vixq̃, enarrabile textum,
   ac non humana conspicis artis opa.
Pelidi qualem decus & tutamen in armis
   Nereis, nato mater habere dedit.
Illis non aquilas, non cristatolq̃ dracones
   Fecerat ignipotens, terribilesue feras.
Non auia, aut Thesidu, patris aut insigne vetustum,
   Cælata aut proaui fulmina dica Iouis.

                                Sed

Dionyſij Lebei-Batillij Emblemata.

Sed mare, ſed terras, & quod vertigine cœlum
Aſſidua rapitur, ſideraq̃, ipſa trahit,
Arcturum, pluviaſq̃, Hyadas, geminoſq̃ Triones,
Ventosq̃, & nives, Pleiadumq̃, chorum.
Et quem olim comitem ſibi Delia ſumpſit, & illum
Serum agitare boves quem ſua plauſtra tenent.
Vrbesq̃, & populos, & raſtra, & prælia, 'eges,
Iura, magiſtratus, fœdera, ſacra, fides.
Iuſtitiaq̃, ſimul belli, pacv́q̃, labores,
Atque artes Phœbi, paciferiq̃, Dei.
Hæc nempe & rerum occultas cognoſcere cauſas,
Doctrinâ & mores excoluiſſe ſuos,
Hoc unum, noſtrum eſt quod avorum vincat honores,
Omnia alia & generis nobilitate prius:
Hic clypeus, nobis unus tela omnia contra
Fortunæ, atque in quem torta, retuſa cadant.

AD IA -

Ad Embl. XXXVIII.

Adeò in teneris aſſueſcere multum eſt.

OMnes habitus ex operationibus ſimilibus fiunt, qua
propter tales quaſdã operationes reddere oportet nec parũ
ſed plurimùm, quin potiùs totũ refert, ſic an non ſic homines a primis annis conſueſcant. Vſq; adeò magni refert ſtudium atq;
voluntas, & quibus in rebus conſuerint eſſe operati. Quibuſcunq;
autem rebus aſſueſcere & exerceri juventus poteſt, ſine ingenii in-
duſtria ſive militari, aut alio quovis labore, commodius eſt id paulatim ſenſimq́; primũ fieri, dein teneræ mentes aſperioribus forman-
dæ ſtudiis, ut rudimento in parvis poſito, majora deinceps majoraq́;
audendo proficiatur in ſummã. *Sequentia verba quære in fine ſub litera* F.

Diffi-

Dionyſij Lebei-Batillij Emblemata,

XXXVIII.

AD IACOBVM DVCATIVM, F. F.

ADEO IN TENERIS ASSVESCIBE MVLTVM EST

Geſtando vitulum longa aſsuetudine fecit
Vt taurum poſſet poſtmodum ferre Milo.
Diſce puer magnus paulatim aſsueſcere rebus,
Moderi & nervos non patiare tuos.
Sed tolera & duro ſub faſce enitere contrà,
Porro te nullum debilitabit onus.

L   AD PE-

Ad Embl. XXXIX.

Naturam furcâ expellas, tamen usq̃ recurret.

Vod hic fele quę in convivio difcumbentibus candela
prætenfa, Daduchi minifteriũ præftiterit, donec vifo mure
in eum protinus infiliens & officium & menfam turbarit,
fimul alii narrant de fimiis in hunc modum. Rex quidam Ægypti-
us fimias aliquot inftituit ut faltãdi rationem perdifcerent. Vt enim
nullum animal ad figuram hominis propius accedit, ita nec aliud
actus humanos aut meliùs aut libentiùs imitatur. Artem itaq; fal-
tandi protinùs edocta faltare cœperunt, infignibus indutæ purpu-
ris ac perfonatæ. Multoq; jam tempore majorem in modum place-
bat fpectaculum, donec à fpectatoribus facetus quifpiam, nuces
quas clanculùm in finu geftabat, in mediũ abjecit. Ibi fimiæ fimul-
atq; nuces vidiſſent, oblitæ choreæ, id efse cœperunt quod antè fue-
rant, ac repentè è faltatricibus in fimias redierunt: contritifq; per-
fonis, dilaceratis veftibus pro nucibus inter fe depugnabant, non
fine maximo fpectatorum rifu. Narratur & non abfimilis apologus
de fele, quam Venus bellè adornat in pediſſequarum ordinem afci-
verat, ac fatis aptè perfonam tuebatur, donec mure à cano quopiam in medium procurente, declaravit fefe nihil aliud efse quàm fe-
lem Adeo ingens naturæ vis eft, femperq; invicta, quam mos nec ullum doctrinæ genus fuperare pofsit, fixa & mutari nefcia, & quæ in
morem Euripi intra fuos alveos reverti perlubenter folet. Expellas
illam furcâ tamen ufq; recurret, ut fi ramum arboris in aliam partem vi detorqueas aut inflectas, fi remittatur, rurfum vergat eôdem
quò prius. Tam difficulter ethos emphyes deletur, neq; ingenium
nativamq; indolem vulpes aut leones quantumvis cures mutare
pofsint, ut hi geminæ feritatis, illæ fuæ oblivifcantur fraudulentiæ.
Tam difficile occultare ingenitos mores, & naturã quam quis habet
relinquere aut abjicere, mutare animum, ac fi quid eft penitus infi-
tum moribus, id prorfus evellere. Et natura magis quàm di-
fciplina trahit nos, & fequitur ftudii femina
quifq; fui

XXXIX.

AD PETRVM LEPIDVM, APVD ME-
diomatr. cognitorem regium.

NATVRĀ FVRCA EXPELLAˢ TAMĒ VSQ RECVRRET

Tota licet toto veniat follertia ab orbe
    Inque vnum artificum confluat omne genus.
Nunquam ita dedoceant naturæ affuefcere catos
    Vnca vt non vifis muribus arma ferant.
Nefcia mutari ad mores Natura reuirit,
    Et fequitur ftudij ſimina quæque fui.

                              L 2   AD IA.

Ad Embl. XL.

Gravissimum imperium consuetudinis.

Onsuetudinis tantæ sunt vires, ut non modò naturæ similis sit, sed etiam ipsi vim afferre, eamq; sæpissime immutare ac penitus aliã possit efficere, dum in eam quodammodo transit, mirè efficax ad se retinendam, que non patitur ut ad pristinum habitum, qui ipsi assuefacti sunt revertantur. Atq; adeò ut nihil ferè natura jucundum aut injucundum, sed omnia talia consuetudine fieri videamus. Affert illa rebus constantiam, & tam bonorum quam malorum longa conversatio amorem inducit. Quin mala quibus assueveris non offendũt, ut Mithridati quotidie sumenti venenum, consuetudine factum est innoxium, & ut callus tempore factus adimit sensum, ita diutina mala consuetudo facit ut levius feramus. Pernoctãt venatores in nive, in montibus, uri se patiuntur, pugiles cestibus contusi ne ingemiscunt quidem, compediti primò ægrè ferunt onera & impedimenta crurium, deinde ubi illa pati assueverunt, consuetudo facilè ferre docet ærumnarum mollimentum gravisima etiam in familiaritatem adducens. Quin plerosq; juvat assueto vivere servitio, compedesq; suas ita amant, ut se in libertatem asserere cùm possint, nolint, quale fingitur de Amore capto à Musis, & in vincula tradito, qui quamvis redimeretur à matre, hærebat tamen illic jam servire suetus. Qualia Idathyrsus Scytharum Rex (adversus quem Darius expeditionem fecit) cum suaderet Ionum principibus ut soluto Istri ponte sese in libertatẽ vindicarent, atq; illud facere recusarent, eos mancipia frugi & à fuga aliena vocare solebat. Ab his longè alienus Galeacius Maria Sfortia Francisci filius, qui cùm à custodia qua detinebatur in Sabaudia evasisset, dicebat malle se esse avem sylvestrem, quàm cavealem.

Dionyſij Lebei-Batillij Emblemata.

XL.

AD IANVM IACOBVM BOISAR-
dum, Veſuntinum.

GRAVISSIMV IMPERIV CONSVETVDINIS

Aſſuetus cautæ caueam ſic diligit ales,
Vt non quum poſſit, liber abire velit,
Seruitium vitæ longa aſſuetudinis vſu
Naturam in multis ingeniumq́, nouat.

L 3   AD CLAV-

In auribus stulti non loquaris.

Discipulum habes indocilem, perdis operam, littus aras, semina projicis, natura non vincitur. Terræ aridæ colonus solve boves, quid te torques? Illi parce & tibi : cùm tot sint labores necesarii & inevitabiles, supervacuos quærere stultitia est. Si docilis est virtutum, illic insta, melioribus illum artibus ornaveris: Quod si neutrum capiti, vacuum sine, nève quid in pertusum vas effuderis, quod neq;ibi subsideat, teque jugi tædiò exhauriat. Sic habeto enim: Omnes qui sunt quiq; erunt, aut fuerunt virtutibus aut doctrinis clari, non posse unum ingenium accendere, nisi aliquæ intus in animo scintillæ sint, quæ præceptoris spiritu excitatæ & adjutæ, generosum disciplinæ fomitē arripiant. Alioquin algidum in cinerē nequicquā flabis. Sincerū est nisi vas, quodcunq; infundis arescit. In auribus insipientium ne loquaris, quia despicient doctrinam eloquii tui. Testam conglutinas qui stultum doces, & stolidum statua durionem, neq; animum pertusum unquā explere poteris, sapientes sermones hujusmodi homini infundens. Rudis enim auditis eruditionem non capit, quia nihil intelligunt qui nunquam bona didicêre, Et velut qui excitat dormientes ex alto somno, sic qui stulto aliquid narrat, qui tandem ad extremum dicet, quid istud est? et consummatione, quid primum? Atque etiam hoc inter Pythagoræ symbola fuit, Cibos in matulam non esse iniiciēdos, id est, in pravū aninmum urbanos sermones aut ulla virtutis studia immitti non oportere. Indocilem ergo qui docere velit id sit canere in auribus asini, cuius insignis est stupor et ignavia, infelixque operam perdat, vt si in campum doceat parentē currere frœno. Et Scipionis illud fuit proverbium, Asellum agas, cursum non docebitur, qui & apud Numantiam C. Metello mentis tarditatem ita exprobrasse fertur, ut dicebat, si quintum pareret mater eius asinum fuisse parituram. Qualis Iunius Bassus appellatus est ob stuporem, ridiculosq; mores. Et Cicero in Pisonem, Quid nunc te asine literas doceam, non opus est verbis, sed fustibus.

Dionyſij Lebei-Batillij Emblemata.

XLI.
AD CLAVDIVM·XONOTVM,
Lotharingum.

IN AVRIBVS STVLTI NE LOQVÆRIS.

Qui blanda indócilèm lingua diuerberat aurem,
Pierio ſtolidum pectus et imbre rigat,
Infelix operam perdit, ceu currere aſellum
Erranat um qui ſe poſſe docere putet.

AD GE-

Rudis expertum docet.

Vdæmonidas audiens philofophum difputantem, fo-
lum Sapientem bonum efse Imperatorem, verba quidem i-
fta inquit admiranda funt, fed qui loquitur nunquam tubæ
fonitu fuit excitatus. Sic Cleomenes Spartę Rex Anaxandridæ filius,
Sophifta quodam de fortitudine difserente, affatim rififse fertur &
aures avertifse, dicentiq; Græculo, quid rides Cleomenes audiens
de fortitudine difserentem, eum Rex fis, refpondifse, Quia enim
inquit, fi hirundo hæc diceret, idem quod nunc facerem, fin autem
aquila, quietifsmè audirem. Sic cùm Carthagine Annibal expulfus,
Ephefum ad Antiochum veniffet exful, proq; eo quod ejus nomen
magna erat apud omnes gloria, invitatus efset ab hofpitibus fuis, ut
Phormionem Peripateticum fi vellet, audiret, cumq; fe nõ nolle di-
xifset, locutus efse dicitur homo copiofus aliquot horas de Imperatoris officio, & omni re militari. Tum cùm cæteri qui illum audie-
rant, vehemēter efsent delectati, quærerentq; ab Annibale quidnam
ipfe de illo philofopo judicaret, Pœnus refpondifse fertur multos fe
deliros fenes fæpè vidifse, fed qui magis quàm Phormio deliraret, vidifse neminem. Neq; me habēte injuria. Quid enim aut arrogantiùs
aut loquatius fieri potuit quàm Annibal qui tot annos de imperio
cum populo Romano omnium gentium victore certafset. Græcum
hominem, qui nunquam hoftem nunquã caftra vidifset, nunquam
deniq; minimam partem ullius publici muneris attigifset, præcepta
de re militari dare? Hoc mihi facere omnes ifti videntur qui in rebus
imperiti & rudes; veluti errantes peregrini in viis aut qui fibi femi-
tam non fapiunt, alteri monftrant viam, cæci videntibus duces, & ut
fi fus Minervam, quod ipfi experti non funt, id cæteros docere volunt. Leviores enim inexpertorum mentes, & otiofa difciplinarū tra-
ctatio, organico fimilis eft corpori animam defideranti, quæ per fen-
fuum experientiam accedat, aut etiam variis ciborum generibus in
ventrem congeftis comparari queat qui calorem ad cõquoquendum
poftulent. Is verò calor non alius fuerit quàm multus ufus & varia-
rum rerum experientiæ. Quin plus fi fepares ufus fine doctrina, quàm citra ufum doctrina
valeat.

Dionyſij Lebei-Batillij Emblemata.

XLII.

AD GEORGIVM BERTINVM,
Medicum Regium.

RVDIS EXPERTEM DOCET.

42

Ridetur monitor, qui non experta monebit,
Cui rerum et nullus quas docet vſus erit:
Vt ſi perſpicuo queis fulgent lumina viſu,
Commonſtra velit luminis orbis iter.

M   AD IA-

Ingenium doctrina & literis formandum.

VRsis properatius Lucinæ tempusq; quippe uterum tri-
gesimus dies liberat : atq; ut plurimùm quinos pariunt, hi
sunt candida informisq; caro, paulò muribus major, crudis
sanies sine oculis, sine pilo, articulamentisq; membrorum nullis
conspicua, exceptis unguium lineamentis, quam lambendo sensim
paulatimq; figurant, interdum ad pectora foventes, ut assiduo in
cubatu calefacta, animalem trahat spiritum sic ut lingua sua tanquã
dolabra, membranis quibus fœtus involvitur, conformatis, non
genuisse tantum catulos sed & opificis more finxisse videantur. Sic
format lingua fœtum què protulit ursa, Nec catulus partuq; reddidit illa recenti, sed malè viva caro est, lambendo mater in artus fin-
git,& in formam quantam capit ipsa reducit. Quo exemplo utitur
D. Ambrosius ad nos cohortandos, ne prolem nostram quantum ad
animi rationem pertinet, instar ursini partus initio editam, ita informem coalescere patiamur, sed disciplinarum linguis lambendo
curemus, industriaque & studio, magis magisque formemus. Disciplina enim generatio quędam est, qua fœtus in animo discentis à
Doctore perducitur. Et ut visus à circumfuso aëre, sic mens à doctrina lumen suum accipit. Nam etsi rerum principia ab ingenio proficiscuntur, etsi virtus quosdam impetus à natura sumit, multosque
homines excellenti animo ac virtute fuisse, & sine doctrina, naturæ
ipsius habitu propè diuino per se ipsos & moderatos & graues exti-
tisse fatendum est, sæpiusque ad laudem atqua virtutem, naturam sine doctrina quàm sine natura valuisse doctrinam (neque enim ac-
cedimus ijs qui natura côstare mores & nihil adiuuari disciplina putant) tamen hoc contendimus naturam perficiendam doctrina esse,
& cum ad eam eximiam quidem atq; illustrem accesserit ratio quædam confirmatioque doctrinæ, tum illud nescio quid magis præclarum ac singulare solere existere. Et ut ager quamvis fertilis sine cul-
tura fructuosus esse non potest, sic sine doctrina animus. Doctrina vim promovet insitam irretique cultus
pectora roborant.

XLIII.

AD IACOB. COVETIVM, PAC. TH

INGENIV DOCTRINA ETLITERIS FORMANDV

Lambendo informem velut vrſa reducera fœtum
Paulatim in formam, quantam habet ipſa, valet.
Sic vim animi innatam ingenua vis promouet artis
Roborat et mentem cultus et ingenium.

M 2 AD PET.

Ad Embl. XLIIII.

Carpturus dulcem fructum radicis amaræ.

Alma cortica est cultellato, ideoque ascensus est difficilis, & periculosus. Sic via assignata virtutibus, primo aditu
est ardua & confragosa, sed si quis difficultate superata, in
summum eius euaserit, habebit ille de cætero planū iter, lucidum,
amœnumque campum, & omnes laborum suorum capiet fructus u-
beres atque jucundos. Difficilem illa aditum primum spectantibus
offert, sed requiem præbet fessis in vertice summo. Quisquis enim
casus duros virtutis amore vicerit, ille sibi laudemque decusq; para-
bit: Desinit in adversa niti qui peruenit ad summum, scandenti circa ima labor est. Virtus per labores incedit, periculis assueta, & in
difficilibus educata.

> *Qui cupit optatam cursu contingere metam,*
> *Multa tulit, fecitq, puer sudauit & alsit.*

Nec leuis ascensus si quis petit ardua, sudor plurimus hunc tollit,
nocturno de somnis olivo imoritur, jactat quod mox laudauerat in
se, qui cupit æternę donari frondis honore. Ardua molitur, sed nulla, nisi ardua vincunt, ardua per præceps gloria vadit iter, Nec juvat
ex facili lecta corona jugo. Quid autem præclarum, non idē arduum.
Cogitet quantā rem petat quamq; nullus sit hoc proposito præmio
labor recusandus. Quod si mente conceperit, huic quoque parti facilius accedet, vt ipsum iter, neque imperium neque saltem durum
putet. Neque illum pœniteat duros subiisse labores, aut operi insue-
tas adteruisse manus, quod patitur aut passurus est, gloriæ pars est.

Spe finis dura ferat, Virtutum pretium putat esse sui, dulcis erit
mercede labor, & sese pretio redimet, ipsaque possessio plenissimam studijs gratiam
referet.

XLIV.

AD PET. BAILLETTVM, ABBA-
tem Riuuanum,

CARPITVR° DVLCEM FRVCTV RADICIS AMARÆ

Aſcenſu teneras pueri ſecat aſpera palmas,
  Non aliter fructus palma datura ſuos.
Hos aditus primum virtus ſpectantibus offert
  Ad ſeſe et præceps ardua monſtrat iter.
Sed quibus ipſa dabit ſummum contingere culmen,
  Perpetua hos requies lausq́; decusq́; mauen t.

M 3   AD IA-

Digna laboratis respondent praemia curis.

Vnt rerum vulgò Iudicis qui dicant tribus modis gloriam quaeri, gerendo magnum aliquid, quod de te scribant auctores idonei, vel scribendo aliquid quod miratur & legant posteri, vel insigne aliquod opus extruendo. Quod ut sit ita, vltimum tamen omnium minimum ac caducum. Neque enim calce & arena & lignis & lapidibus, sed rebus gestis, virtutibus & scriptis ingenuis quaerenda. Omnia quae manu hominum facta sunt, vel manu hominum euertuntur, vel stando & durando deficiunt, habet manus longè praeualidas longa dies, & è cunctis operibus nullum senio resistit. Nihil est opere aut manu factum quod non aliquando conficiat & consumat vetustas. Nihil quod sit manibus humanis laboratum quod non aliquando ad interitum redigatur, vel iniuria hominum, vel ipsa eadem confectrice rerum omnium vetustate. At verò animi opera videmus aeterna. Et quicunque contemptui praesentiũ studentes in memoriã monumẽta ingeniorum factorumq; magnorum reliquerunt, ii planè mentis ac virtutis suae nomen indelebile quaesierũt. Quare & Servius Tullius Roman. Rex cum eum vrbis rebus ordinatis cupido cepisset illustri quopiam opere sempiternã sui memoriã ad posteros transmittere, idque animo agitaret & consideraret priscorum Regum & clarorum in Repub. virorum monumenta, nec Semiramidem satis felicem putauit muris Babylonijs, nec Aegyptios Reges Pyramidibus Memphiticis, parva haec omnia & temporaria, sed mentis opera maximè digna laude existimans quorum vtilitas ad plurimos manaret & longissimo tempore, prae caeteris Amphictyonis talibus in rebus admiratus est industriam qui Graecam gentem coegit in concilium, quod Amphyctyonicum ab ipso denominatũ est, legesque tulit quae communes essent omnibus. Sed alijs ingenij monumentis maximè praestant literaria, quae ut digniora, ita etiam perenniora esse soleant. Inter mortalium inventa nihil illis stabilius, fluxa hominũ memoria, picturae labiles caducae statuae, clarum nomen sicut sine virtute non quaerente sic sine caeteris non seruatur. Diutius duret laus literis tradita quàm columnae aut trophaea lapidibus incisa quum necesse sit eiusmodi corporeas formas apud eos duntaxat esse apud quos positae fuerint, scripta autem quae mentis & rationum simulachra continent, vulgari possunt, & in coetus eruditorum edita magni fieri & diligi. *Sequentia verba quare in fine sub litera I.*

Dionyſij Lebei-Batillij Emblemata.

XLV.
AD IACOBVM BONGARDIVM-
Bodrianum.

DIGNA LABORATIS RESPONDET PRÆMIA CVRIS.

Praxitelis ſerus labor eſt, ſed gloria felix
  Quod iam de Pario, marmore ſurgit opus.
Cui non imber edax, cui non ſubducat honores
  Flamma ſuos, quod vix diruat ulla dies.
Hinc ſuper ipſe ſua moliri laude laborem,
  Diſcat et ad vires exigere vſq; ſuas,

Ingẽ-

Dionyſij Lebei-Batillij Emblemata.

Ingenua quisquis Phœbi clareſcit ab arte,
Cui ſunt & dotes, ingeniŋ́, vigor.
Quo magis immenſus labor eſt, hoc et, magis idem
Fertilis, et tantò gloria maior erit.

AD

Ad Embl. XLVII.

Hercules Muſagetes.

EdemHerculis & Muſarum fulvius ille Nobilior qui conſul contra Aetolos miſsus Ambraciam munitiſsimum illorum oppidum totamq́; gentem ad deditionem faciendam compulerat, deindeCenſor factus fuit, in Circo flaminio ex pecunia Cenſoria fecit, non id modò ſecutus quod ipſe literis & ſumma Ennii poëtæ (quem ſecum in Aetoliam duxerat) amicicia duceretur; ſed quòd in Græcia cùm eſset Imperator, acceperat, Herculem Muſagetem eſse comitem ducemquè Muſarum, quam ædem vetuſtate formatam L. Martius Philippus Auguſti vitricus privigno jam rerum potienti reſtituit. Idemquè fulvius Nobilior primus nouem ſigna, hoc eſt, omnium Camœnarum ex Ambracienſi oppido translata ſub tutela fortiſsimi numinis conſecravit, quia mutuis operibus & premiis juvari ornariq́; deberent, Muſarum quies defenſione Herculis, & virtus Herculis vóce Muſarum. Nempe ut niſi ſint ſtudiorum patrorii, maximè verò poëtices, vix ſe poſsint Muſæ licet alatæ tollere humo, & nullis non injuriis ſint expoſitæ, ita fortia facta Muſis & eleganti oratione, ut dicebat Cato Cenſorius indigent, ne ſua gloria fraudentur. *Sequentia verba quare in fine ſub litera L.*

Quare

Dionyſij Lebei-Batillij Emblemata.

XLVI.

AD IOSEPHVM SCALIGERVM.

HERCVLES MVSAGETES.

Templa hîc cum Muſis (priſci monumenta Quiritis,
Muſarum Alcides duxq́, comeſque tenet:
Tam bene conueniunt illa huius, numine tutâ,
Claius hîc illarum vocis & artis ope.

N   Vt ca-

CANICVLI quidam hominis fimbriam poſſunt mordere, ſed non audent in-uadere. Ita hodie ſcioli quidam poſſunt doctorum commentarios reprehen-dere, non rem ipſam. Quales mordaces Zoili, caniculæ & vitiligatores hîc Ariſtar-chi dicuntur, cenſores, emendatores, critici grammatici, qui de libris iudicant, & in alienis ſcriptis, non laudis, ſed culpę annotamentis digna tantum perſequuntur. Ariſtarchus autem fuit quidam Grammaticus, patria Samothrax, ſed habitatione Alexandrinus qui Homericos verſus in ordinem & libros digeſſit, verſusq; nothos adulterinos & ſubdititios obeliſcis, id eſt, minutis verubus pręnotatis dānauit, alios & genuinos, quales quidem ipſi videbâtur, aſterıſcis, id eſt, ſtellulis illuſtrauit, ſicq; Homeri negauit quos non probauit. Quemadmodum & hic mos Attico fuit, vt quæ parum probaret in ſcriptis Ciceronis, ea cerulis minutulis notaret. Quem morem & Origenem & D. Hieronȳmum in literis diuinis ſecutos, quidam ſcribũt. Inde Ariſtarchi cognomen in prouerbium abiit, pro eiuſmodi ſciolo corredore, qui pro arbitrio ſuo alia damnat, alia probat. Quique non opprobriis dignum in-teger ſed integrum opprobriis dignus latrauerit ipſeCorrigere, & res eſt tanto ma-gis ardua, quanto Magnus Ariſtarcho maior Homerus erat. vt res egregias multo procliuius eſt carpere quam æmulari aut imitari, vt ſequi facilius quam aſſequi.

Quare ad doctiſſimum virum quem hic deſigno, & hos verſus latinos
factos ex Græcis antiqui Poetæ referre lubeat : Carpunt me
plures docti indoctiq; , imitari Hos in-
doctorum de grege nemo
valet.

XLVII.

IN SCIOLOS DOCTORVM ARISTARCHOS.

47

Vt catuli quem non audent invadere, vani
  Huic imas veſtes morſibus exagitant:
Sic indoĉta tuos potuit carpſiſſe libellos,
  Doĉte ſenex, non te vincere turba poteſt,

N 2   AD CA-

APVD aliquot nationes facrum ignem publice cuftodiri folitum legimus. Nam Athenis in P.ytaneo ignis fempiternus afferuabatur à mulieribus iam matrimonio folutis, & Poliadis Mineruæ templum erat vetuftum in quo lychnus inextinguibilis & virginum domus fuit. Apud Ægyptios quoque, Perfas & Cappadocas,& Argis in templo Apollinis & Delphis, vbi ad illum ignem de omnibus lignis fola vrebatur abies. Qualiter & apud Samogitas qui de religione Boruſſorum fcripferunt, tradunt in vertice montis ad fluuium Nauuaſſam olim perpetuum eiufmodi ignem fuiſſe,qui à facerdote conſeruaretur in honorem Pargui qui tonitruum & poteſtátum potens à fuperſtitioſa gente adhuc creditur. Romæ autem alij Romulum alij Numam Veſtæ ædem ſtatuiſſe authores funt, eique virgines cuſtodes ignis æterni aſſignaſſe, qui ſi extingueretur,maximum aliquod malum Romanis portendi exiſtimabatur, ea vero cuius culpa id eueniſſet,vt accidit Mithridatico & ciuili bello, verberibus à Pontifice afficiebatur, neque fas erat ex altero igne fuccendere,fed nouum ex folis radiis elicere oportebat. Sic famæ inuigilandum,cuius damna maiora funt quam æſtimari poſſit. hoc ſtudium,hæc cura, hi diurni noĉturnique labores, hæ vigiliæ in ea conſeruanda nobis eſſe debent, deque ea ſic pertimeſcere ne in diſcrimen exiſtimationis veniamus, fed vt integra maneat,neque quidem ex iudicio Chryſippi & Diogenis, qui detracta vtilitate, ne digitum quidem eius cauſa porrigendum eſſe dicebant, fed ex ſententia eorum qui ipſam propter fe prepoſitam & fumendam eſſe cenſuerunt,eſſe hominis ingenui & liberaliter educati, velle bene audire à parentibus, à propinquis, à bonis etiam viris: & vt liberis conſultum velimus,etiamſi poſthumi futuri ſint,propter ipſos ſic futuræ poſt mortem famæ; tamen eſſe propter rem & detracto vſu conſulendum. Virtutis ergo ſtudioſum eſſe prima fors ſit, bene audire autem ſecunda felicitas, honeſtus rumor alterum eſt patrimonium. Bonum nomen pretioſius bono oleo, huic aliquid ſemper adiiciendum, vt deliaco, nauigio, quod quum ſubinde farcitur & reconcinnatur, veluti perpetuum in multa fecula redditur. Curæ ergo ſit nominis bona fama,quam tueri facile, extinĉtam, vt neque ignem, non facile eſt reſtituere. Beatus quem illa amplectitur.

XLVIII.

AD CAROLVM LEBERONIVM EPI-
ſcopum & Comitem Valentin. & Dycenſ.

AEternos ignes arcana ſervat in æde
  Caſta vigil Veſtæ virgo, miniſtra Deæ,
Hoc nihil eſſe aliud quam ſacram intellige famam,
  Cuſtodes cui nos invigilare decet.

N 3   AD PE_

SVnt qui per Pegasum cœlum petentem, qualem hic depictum vides, & in quibusdam antiquis numis aspicere est, famam potius quam celeritatem indicari velint. Fingitur autē matris de sanguine natus, Creditur hic cæsæ grauida ceruice Medusæ Sanguine, respersis profiluisse comis, Cui supra nubes & subter sydera lapso Cœlum pro terra, pro pede penna fuit; quod virtus cum terrorē amputauerit, cuius hieroglyphicum est Medusæ caput, famam generat quæ vbi primum per hominum ora incipit volare, Musarum excitat fontem in Parnasso, quippe quod illustrium virorum præclara facinora vatibus suggerunt scribendi argumentum. Nunc fruitur cœlo quod pennis ante petebat, Et nitidus stellis quinq; decemque micat. Nempe Virtus recludens immeritis mori cœlum, negata tentat iter via, cœtusque vulgares & vdam spernit humum fugiente penna. Dignum laude virum Musa vetat mori, Cœlo Musa beat. Sic Iouis interest optatis epulis impiger Hercules. Hæc nihil magnum sinit interire, nil mori clarum patitur, reseruans posteris prisci monumenta sæcli condita libris. Felicissimus cui sua contigerit laudari à docto Poeta, quem sic fama leuat terra sublimis, quem sapientes Musarum filiæ odæ demulcent eum contingentes, neque calida aqua tantum mollia efficit membra quantum laus citharæ comes, & sermo cum charitum fauore.

Quem referunt Musæ, viuet dum robora tellus, Dum
cœlum stellas, dum vehet annis
aquas.

XLIX.

AD PETRVM GVALTHERVM-
Chavotium.

COELO MVSA BEAT,

49

Creditus orciſa matris de ſanguine natus
Prapetibus pennis Pegaſus aſtra petit,
Poſt quamiam à caſto domita eſt ſeſſore Chymera;
Deq; ſacro Aonias vertice fodit aquas.
Nempe hac virtuti reſpondet Fama, viroſq;
Inluſtres cœlo docta camœna beat.

AD IA-

NEQVE est hoc diffimulandum quod obſcurari non poteſt, ſed præ nobis ferendum. Trahimur omnes laudis ſtudio, & optimus quiſque maxime gloria
ducitur. Opifices etiam poſt morté nobilitari volunt. Quid enim Phidias ſui ſimi-
lem ſpeciem incluſit in clypeo Mineruæ,cum inſcribere nõ liceret? Quid Philoſo-
phi? qui in his ipſis libellis quos de contemnenda gloria ſcribunt,nomen ſuum in-
ſcribunt? atq; in eo ipſo in quo prædicationé nobilitatemq; deſpiciunt, prædicari
de ſe ac nominari volút? Sed perennitatis atq; diuturni téporis vita à nullis magis
quam à Poetis ipſis expetitur,cum aliis vtilitas etiã ſæpe quæratur. Pendent de laude,& hanc laboris ſui ducunt ſummam,æternitaté famæ ſpe pręſumunt,atq; ipſam
famam in poſteros præmia poeticæ cogitant pulcherrima, hanc ſolam veram nominari poſſe gloriam, hanc vnam quæ breuitatem vitæ poſteritatis memoria con-
ſoletur,quæ efficiat vt abſentes adſint, mortui viuant: hanc denique cuius gradi-
bus etiam in cœlum videamur aſcendere? Vnde enim illud:Adſpicite ô ciues ſenis
Ennij imagine formam,Hic veſtrûm panxit maxima facta patrum.Mercedem gloriæ flagitat ab iis quorum patres affecerat gloria. Idemq;, Nemo me lachrymis de-
coret nec funera fletu Faxit, cur? volito viua per ora virûm. Nil petitur ſacris niſi tantum fama Poetis,Hoc votum illorum ſumma laboris habet. His fama perennis quæritur vt toto ſemper in orbe legantur, atque ſempiternus ſermo hominum de illis futurus ſit. His ingenium, his dedit ore rotundo Muſa loqui, præter
laudem nulliusauaris. En quibus indictum eſt vt crimen frondea Phœbi Succin-
gant,Hederæue comas auguſtius vmbrent. Nempe viret ſemper laurus,nec fronde caduca Carpitur,æternum ſicq; habet illa decus. Quare &Poetis tantum vt victoribus olim Ducibus &Imperatoribus dari ſolita,olim clarorum Cæſarum & ſa-
crorum vatum ſingulare & præcipuum votum. At doctarum hederæ præmia fron-
tium, Frondibus ex hederæ datur apta corolla poetis Qui pallent ſtudiis laude
perenne virûm : cum & illa paulatim irrepens,ſupra omnium faſtigia victrix
euadat,& ſupremo in vertice dominetur,atque circa vetuſtatem
eius opus omne ſit. Et veteres Bacchum quoque Muſarum ducem ſicut Apollinem
finxerunt.

Dionyſij Lebei-Batillij Emblemata.

L.

AD IANVM ANTONIVM
Bayſium.

QVID PETITVR SACRIS NISI TATVM FAMA POEIIS

Aeternum decus eſt hæderæ. & Parnaßia laurus
Perpetuò ſemper frontis honore viget.
Inde comas meritò cingunt & tempora vates,
Queis æterna ſolet non niſi fama peti.

O   IN

FRETVS Icarus alarum fiducia quas Dædalus pater à Creta fugiens humeris i-
psius nexo opere per lini vincula, & ima parte ceris aſtricta igne ſolutis accom-
modauerat, dum æthereas it vicino ſole per auras, & incautis nimium temerarius
armis, poſitoq; timore audaci fortius arte volat, mox

    Vincla labant, & cera Deo propiore liqueſcit,
      Nec tenues venti brachia mota ferunt,
    Territus à ſummo deſpexit in æquora cœlo,
      Nox oculis pauido venit oborta metu,
    Tabuerant cera, nudos quatit ille lacertos,
      Decidit, & vaſta nomina fecit aquæ.

At longe diſſimilis eſt ratio & conditio Poetarum, —— *quos Phœbus ad aurea cœli*
    Limina ſublimis Iouis omnipotentis in aula
    Siſtit, & ætherei monſtrat commercia cœtus.
    Et ſacri vates & Diuûm cura vocantur.

    Quos etiam ſunt qui numen habere putent, qui hanc quidem quæſitam
meritis ſumunt ſuperbiam, vt Delphica lauro cincti comas, atque eandem manu
geſtantes, vt Apollini notiores ſe & commendatiores exhibeant (qualis Homericus ille ſacerdos in caſtra Græcorum veniens captiuam Chryſeida filiam redem-
ptum) auſint ſe credere cœlo, & præeunte Muſa, ipſius Apollinis ope tuti, auda-
cem ſcriptorum pennis tentare viam, ſic late longeque diffuſa laude vt eorum gloriæ domicilium orbis ipſius & iiſdem quibus Apollinis, id eſt, Solis curſus finibus
ac regionibus terminetur, nec ingenio quæſitum nomē ab æuo Excidat, ac illis ſtet
ſine morte decus. Macte Poppæe, & non metuenda non metue, qui nihil paruum
aut humili modo, nihil mortale loqueris, qui non ceratis ope Dædalea niteris pennis vitreo daturus nomina ponto. Dum Muſarum purus Phœbique ſacerdos non
vſitata nec tenui penna per liquidum æthera vates tendis in altos nubium tra-
ctus. Macte, quem multa leuat aura cygnum, quem laude ſua vi-
gentem Muſa ipſa referat, quem cœlo inſinuet, cœlo & Phœbus pater aſſerat
ipſe.

Dionyſij Lebei-Batillij Emblemata.

LI.
IN MVSAM CHRISTIANAM PETRI
Poppæi Barroſequanenſis I-C.

POETARVM GLORIA.

Iactat is pennis audet te credere cælo
  Poppæe, æthereas atque agitare vias.
Hoc tua quæ potuit tibi ſic aſſponere Muſa,
  Remigium alarum prævia Muſa reget.
Cedet & ipſa iuis impulſa volatibus aura,
  Et tenues ventilrachia meta ſeret.
Nec dubita, nec tuta time, vel ut Icarus alter
  Inde nouis facias nomina lapſus aquis.

O 2   Deda-

Dionyſij Lebei-Batillij Emblemata.

Dædaleum hîc nihil eſt, non ceris igne ſolutis
Muſa tibi & lino nexuit iſtud opus.
Nata tibi à puero rata ſed connubria cœli
Et Phœbo ut Muſa ſubdita cura tui eſt.
In manibus lauro, lauro inductaq́; capillis
Agnoſcet vatem per ſua ſigna Deus.
Inq́; ſuos tollet currus, tibi grande referre
Toto & quem luſtrat, nomen ab orbe dabit.

AD PHI.

AD EMBL. LII.

SIc à ſummis hominibus eruditiſſimiſque accepimus, cæterarum rerum ſtudia
& doctrina & præceptis & arte conſtare: Poetam natura ipſa valere, & mentis
viribus excitari, & quaſi diuino quodã ſpiritu afflari. Quare ſuo iure Ennius ſacros
appellabat Poetas, quod quaſi Deorum aliquo dono atq; munere cõmendati nobis eſſe videantur. Atque in multis adhuc infantibus præuiſa eſt huius artis futura
ſingularis ſuauitas & elegantia, quale de Pindaro fertur, cui in cunis paruulo dor-
mienti apes in labellis conſederint. At mihi quæ nõ montem Hymetum thymi flore redolentem, ſed Muſarum Heliconios colles Dearum inſtinctu depaſtæ, maximo ingenio dulciſſima poetici mellis alimenta inſtillaſſe videantur. Nouem ſiqui-
dém Lyricorum longe princeps, ſpiritu, magnificentia, ſententiis, figuris, beatiſſi-
maq; rerum verborumq; copia, & velut quodam eloquentiæ flumine, monte de-
currens velut amnis, imbres quem ſuper notas aluêre ripas, feruet, immenſusque
ruit profundo Pindarus ore: propter quæ Horatius merito credidit nemini imi-
tabilem. Sed & Muſæ amicorum linguis rorem inſtillare, & apes Muſarum eſſe dicuntur volucres, (quod ſi quando diſplicatæ ſunt, cymbalis & plauſibus & numero reducuntur in locum vnum, & vt Muſis Helicona atq; Olympum attribuerunt,
ſic his floridos ac cultos natura attribuit montes) Poetæ autem lacte ſimul & melle paſci, quorum & quidam in huius dulcedinis commendationem Apes, alij Muſarum apes, alij Muſarum propitiarum faui, & ab Apibus nutriti dicti ſint (vt de
Comata paſtore legitur) & Ariſtæus paſtor Muſarum, quod primus apes & mellis
vſum adinuenerit. Et Virgilij: Ipſe puerperiis adriſit lætior orbis. &, Præterea, ſi vera fides, ſed vera probatur, Lata cohors apiũ ſubito per rura iacentis Labra fauis texit, dulces fuſura loquelas. Et ita demum quemcunq; veteres ab eloquentiæ ſuaui-
tate commendarunt, eum ab apibus nutritum dicebant. Hoc quondam in ſacro
mirata Platone Iudicium linguæ memorat famoſa vetuſtas; cuius dormientis in
cunis paruuli labellis mel apes inſeruerint. Quod & Agathocli & D. Ambroſio &
aliis contigiſſe narratur, vt taceam de Steſichoro, in cuius infantis ore luſcinia
concinuerit in prodigium dulcedinis futuri Poetæ.

Dionyſij Lebei-Batillij Emblemata.

LII.

AD, PHILIPPVM CANAIVM,
Fresneum.

POETICAE SVAVITAS.

Naſcenti, ingenÿ primis iam certa diebus
Dircæo hæc vati ſigna fuiſſe ferunt.
Cui myrti ramos inter lauruǵ̄ iacenti
Paruula dum molli membra quiete levat.
Muſarum volucres ceu circum alvearea fuſæ,
Dulci inſtillato nectare labra rigant.
At mihi,quæ hyblæus,non meſſos collibus hortos,
Non violam,aut cytiſos,Cecropiumve thymium.

O 3   *Diva-*

Dionysij Lebei-Batillij Emblemata.

Divarum instinctu sed totum Helicona videntur
Depastæ, dignu deposuisse fauis.
Tantum illi augurium d·gnæ dare & omina tanta
Gloria qui vatum tanta suturus erat.

AD EMBL. LIII.

LESBIA est hæc fabula. Cum Orphea Thressæ mulieres dilaniassent, ferunt caput vatis vna cum Lyra cum primum Hebrus excepisset, in nigrum pontum eiectum, ac ita simul natasse caput ac Lyram, illo lugubre quiddam in Orphei necem canente, Lyra vero ventis chordas percellentibus responsante, donec ad Lesbum appellerentur, vbi incolæ fluctibus vtrifque erepti s, caput sepulchro condiderunt, Lyram autem suspenderunt in templo Apollinis, in quo multo tempore est custodita. Postea vero quum Neanthus Pittaci tyranni filius, ea quæ de Lyra narrabantur audisset, arbores & feras traxisse, in eius venit habendæ desiderium : quare ingenti pecuniarum vi corrupto sacerdoti persuadet Orphei Lyram alia supposita sibi det, qua accepta parum tutum ratus interdiu hac in vrbe ludere, nocte sinu occultam efferens, solus in suburbium pergit. Quo vbi venit, Lyram pulsare incipit, sed vt erat rudis ac ineruditus adolescens, chordas confundebat, cum bellus ipse sibi placens speraret fore vt diuinum aliquod carmen percussæ fides redderent, quo cunctos permoueret, & animi affectus quo vellet, traheret, vt hoc nomine beatus haberetur Orphei musices hæres. Quæ dum agit, vicini canes eo sonitu exciti coëuntes, Neanthum infelicem cytharædum discerpsrunt. Qua fabella (cui iungere liceat historiam illius qui Epicteti Stoici lychnum fictilem trecentis denariis mercatus erat, sperans fore scilicet vt si noctu ad istam lucernam legisset, mox Epicteti sapientiam somniaret, & similis illi efficeretur) illudere liceat eos qui cum à poetis carmen aliquod sustu'ere, tum demum læti & gloriosi se omne punctum tulisse, omnemq; artem poeticam adeptos putant, ac veluti Æsopianus graculus & Horatij cornicula alienis induti plumis bellas se aues, ita illi poetas se arbitrantur : cum non Lyra sit, sed ars quæ homines & feras lenierit, Lyra nihil à quibus suis barbitis differente, neque efficiente vt concinnum quiddam inspiret quippquam didicerit: vt neq; indoctus, cui tot libri sint quot Athenis in Italiam aduexit Sylla, super quibus dormiat, quosque affixos sibi vbiq; circumferat, ideo eruditior sit futurus, Simia enim est simia etsi aureum cultum gestet: Neque qui Herculis arcus habeat qui Philoctetes non sit, qui solus tendere potuit, & quod collimasset figere, facinus edat dignum sagittandi perito. Neque Thersites si adeptus sit Achillis arma, ideo Achillem se alterum factis profiteatur.

Dionysij Lebei-Batillij Emblemata.

LIII.
AD IANVM BONEFONIVM, I. C.

EXITVS ΚΑΝΟ3ΝΛΙΑ.S

Threicij vatis (poſtquam furialiter illum
    Sacrilegæ Ciconũ diripuere nurus)
Sumpſerat hic cytharam, quaſe quoque ut Orpheus alter
    Sperabat, motas dueere poſſe feras.
Indocto ſed dum pertentat pollice chordas,
    Stridentem miſerè ſollicitatq́; chelyn.
Horribili exciti coeunt modulamine cantus
    Inſulſum vatem dilaniantq́; canes.

AD FRAN-

INTER ea quæ Agrigenti erant, fuit & templum Iunoni Laciniæ sacrum, in quo tabula erat eximio diuæ ipsius simulachro insignis, quã facturus Zenxis, qui pulchriora omnia in pingédo exprimere soleret, tumq; longe cæteris excellere pictorib. existimabatur, omnes Agrigentinorum virgines nudas inspexisse fertur, è quarum numero delectis quinq; forma præstantissimis, reductisq; in iudicium singulis singularum membris, quod in vnaquaq; laudatissimum erat, in effingenda Deæ imagine reddidit. Quam Historiam alij de Helenæ tabula apud Crotoniatas referunt, qui publico de consilio ex virginibus suis formosissimas, quas idem Zenxis sibi præberi volebat dum tabulam pingeret, vt mutum in simulachrum ex animali exemplo veritatem transferret, in vnum locum conduxerunt, & pictori quas vellet eligendi potestatem dederunt. Ille autem quinque delegit, cum non putaret omnia quę quæreret ad venustatem, vno in corpore se reperire posse, ideo quod nihil simplici in genere omnibus ex partibus perfectum natura expoliuit: Itaq; tanquam cæteris non sit habitura quod largiatur, si vni cuncta concesserit, aliud alij commodi aliquo adiuncto incommodo minuatur. Atq; omnis vitæ ratio sic constat, vt quæ probamus in aliis facere ipsi velimus: Sic pictores opera primorum, rustici probatam experimento culturam in exemplum intuentur. Et hercle necesse est aut similes aut dissimiles bonis simus. Similem raro natura præstat, frequenter imitatio. Et præter id quod prudentis est, quod in quoq; optimum est si possit suum facere, tum in tanta rei difficultate vnum intuentis, vix aliqua pars sequitur. Ideo cum totum exprimere quem elegeris, pene sit homini inconcessum, plurium bona ponamus ante oculos, vt aliud ex alio hæreat, & quo quidq; loco conueniat aptemus: melioribus nos offeramus (& par est melioris esse qui ex melioribus) quæ maxime excellant in eis quos imitabimur, quæ in singulis ad decus laudemq; insignia erunt, quæ apud vnumquemq; ex multis videbuntur esse præstantissima, ea exprimere, atq; diligentissime, vt si multis ex fontibus riuum quendam deducentes in animum nostrum deriuemus, prosequi conemur. Stultissimum sit ad imitandum non optima quæq; proponere.

LIIII.

AD FRANCISCVM PERROTVM-
Mæſiereum, Pariſ.

EX OPTIMIS PRÆSTATIORES VITÆ MAGISTRO IMITADOS

Iunonis, divâ dignos dum effingere vultus
   Vellet, & exactum reddere pictor opus.
Ex Agrigentinis ſelectas quinque puellas
   Ante oculos fertur propoſuiſſe ſibi.
Quarum imitaretur formæ, quos, noſſet honores,
   Vna in quaque magis quodque, nitere decus.
Hinc tu quos ſupraire alios probitate videbis,
   Exemplar vitæ ſumere diſce tua.

              P   AD IO-

FORTVNAM rotundo faxo infiftentem, volubili fede, pingebant veteres, quo
ne huic fidem haberi, nec quicquam firmum putari tutoue poffideri, aut pro
fuo teneri quod illi acceptum referatur, defignarent. Nihil enim obftare quo minus ea eripiat & alteri tradat, vt fæpe facere folet. Sapientiam contra fede firma &
inconcuffa in quadrato ftatuebat, quod quadranguli figura in quamcunq; partem
voluatur, quoquouerfum iacta verfataque fuerit, fui fimilis rectaque femper con-
fiftit. Quali maxime delectabantur Arcades in dierum fuorum fimulachris: vt etiam Hermæa illa Mercurij figna à firmitudine denominata, apud Athenienfes fieri
folita quadrati erant lapides, vt fignificaretur ratione & veritatem perinde vt formam quadratam, rectam femper ftare. Qualiter & in tabula illa in æde Saturni depicta fuit Eruditio, cui duæ aliæ matronæ, filiæ eius, vt videbatur, adfiderent, Veritas & Suadela, indicio & viatoribus viam ad eam effe tutam ac firmam, & munerum
eius, videlicet fiduciæ, fecuritatis & vacuitatis à perturbationibus, fructum accipi-
entibus fecurum. Talis Sapientia nos à formidinum terrore vindicat, & ipfius fortunæ modice ferre docet iniurias, & omnes indicat vias quæ ad quietem & tranquillitatem ferant: folaq; in fe verfa eft, & omnia quæ homini accidunt, infra fe effe iu-
dicat. Et quem non mouiffet imago à Sextio illo Romano pofita, ire quadrato
agmine exercitum, vbi hoftis ab omni parte fufpectus eft, pugnæ paratum? Idem,
aiebat, Sapiens facere debet, Omnes virtutes fuas vndiq; expandat, vt vbicunq; in-
fefti aliquid oritur, illic parata præfidia fint, & ad nutum regentis fine tumultu re-
fpondeant: quod in exercitibus his quos Imperatores magni ordinant, fieri videmus, vt imparium ducis fimul omnes copiæ fentiant, fic difpofitæ vt fignum ab v-
no datum peditem fimul equitemq; percurrat. hoc aliquanto magis neceffarium
eft. Illi enim fæpe hoftem timuêre fine caufa, tutiffimumq; illis iter quod fufpectif-
fimum fuit. Nihil ftultitia pacatum habet, tam fuperne illi metus eft quam infra:
vtrunq; trepidat latus, fequuntur pericula & occurrunt, ad omnia pauet, impara-
ta eft, & ipfis terretur auxiliis. Sapiens autem ad omnem incurfum munitus & in-
tentus, non fi paupertas, non fi luctus, non fi ignominia, non fi dolor impetum faciat, pedem referet. Interritus & contra illa ibit & inter illa, plenus gaudio, hilaris,
placidus, inconcuffus cum Diis ex pari viuit. Solus quæcunq; inciderit fortuna, non mutat animum, vere quadrangelus, quadratus & perfe-
ctus. Res magna, habere imbecillitatem hominis,
fecuritatem Dei.

Dionyſij Lebei-Batillij Emblemata.

LV.
AD IOAN, CASSANIONEM.

SAPIENTIA

55

Quadratæ ſtat fixa baſi ſapientia cunctas
Qui premat & partes angulus omnu adeſt.
Nempe inconcuſſa & ſtabi li pede ſola perennis,
Et quoquò verſa eſt, una eademq̃, manet.

P 2 AD CLAV-

INCREDIBILIS vis Philosophiæ est ad omnem fortuitam vim retundendam, Beatus ille qui malum in bonum vertit, certus iudicij, inconcussus, intrepidus, quem fortuna, quû in eum quod habuit telum nocentissimum vi maxima intorsit, pungit, non vulnerat, & hoc raro. Nam cætera eius tela (quibus genus humanum debellatur) grandinis more dissultant, quæ incussa tectis, sine vllo habitatoris incommodo, crepitat ac soluitur. Munita est, solidaque philosophia, in cuius corpore nullum telum sedet, quædã defatigat, & velut leuia tela laxo sinu excludit, quædam discutit, & in eum vsque qui miserat, respuit. Inexpugnabilis est hic murus, quem fortuna multis machinis lacessitum non transit. Intus instruamur: si illa pars tuta est, pulsari homo potest, capi non potest. In insuperabili loco stat animus qui extrema deseruit, & arce se sua vendicat: infra illum omne telum cadit. Fortuna leuis & imbecilla ab animo firmo & graui tanquã fluctus à saxo frangitur, nec frangit. Non habet illa vt putamus, longas manus, neminem occupat nisi hærentem sibi. Itaque quantum possumus, ab illa resiliamus, quod sola præstabit sui naturæq; cognitio. Sciat quo iturus sit, vnde ortus, quod illi bonum, quod malum sit, quid petat, quid deuitet, quæ sit illa ratio quæ appetenda ac fugienda discernat, qua cupiditatum mansuescit insania, timorum sæuitia compescitur. Nihil indignetur sibi accidere, sciatque illa ipsa quibus lædi videtur, ad conseruationem vniuersi pertinere, & ex his esse quæ cursum mundi officiumque consummant. Placeat homini quicquid Deo placuit, ob hoc seipsum suaq; miretur, quod non potest vinci, quod mala ipsa sub se tenet, quod ratione, qua valentius nihil est, casum doloremq; & iniuriam subigit. Ama rationem, huius te amor contra durissima armabit. Honestum, securum & expeditum est, interritum est, in procinctu stat. Quid ergo? non aliquid perturbationi simile patietur Sapiens? non & color eius mutabitur, & vultus eius agitabitur, & artus refrigescent? & quicquid aliud non ex imperio animi, sed inconsulto quodam naturæ impetu geritur: fateor, sed permanebit illi persuasio eadem, nihil illorum malum esse, nec dignum ad quod mens sana deficiat.

Dionyſij Lebei-Batillij Emblemata.

LVI.

AD CLAVDIVM PVTRANVM SINAtorem Pariſienſem.

IMPAVIDVM FERIENT RVINAE

56

Illiſa ut tectis crepitans ſalit horrida grando
Cum fremitu, tectis nec tamen illa nocet.
Sic fortuna minus ſapientem oppugnat & urget,
Inq́; illum bruto fulmine caſſa ruit.

P 3   AD NI-

HOc laboramus errore, sic nobis imponitur, quod neminem æstimamus eo quo est, sed adiicimus illi & ea quibus adornatus est. Atqui cum voles veram hominis æstimationê inire, & scire qualis sit, nudum inspice, ponat patrimonium, ponat honores, & alia fortunæ mendacia, corpus ipsum exuat, animum intuere, qualis quantusque sit, alieno an suo magnus. Et tranquillissimus ille ad perfectum venit, qui nec ablatum sibi quicquam sentit, nec adiectum, sed in eodem habitu est, quocunq; res cadunt: cui siue aggeruntur vulgaria bona supra res suas eminet, siue aliquid ex istis vel omnia casus excussit, minor nõ sit, cui bona sua nulla vis excutit, omnis in ipso census inest, vt multum demas, nõ minus exhausto quod superabit, erit: quisquis abstulerit diuitias, omnia illi sua relinquet. Siquidem bona illa sunt vera quæ ratio dat, solida ac sempiterna, quæ cadere non possunt, nec decrescere aut minui: cætera opinione bona sunt, & nomen quidem habent commune cum veris, proprietas in illis boni non est. Sapiens nihil perdere potest quod perire sensurus sit, omnia in se reposuit, nihil fortunę credit, bona sua in solido habet, contentus virtute quæ fortuitis non indiget, idemq; nec augeri nec minui potest, & si magnas facultates amittat, arbitratur tamen se drachmæ vnius fecisse iacturam: Omne intra se bonum terminabit, & dicet quod Bias interrogatus cur nihil exportaret rerum suarum ex incendio patriæ, Omnia mea bona mecum porto (pectore enim illa gestabat non humeris, nec oculis videnda, sed animo æstimanda quæ domicilio mentis inclusa mortalium manibus labefactari nequeunt.) Vel quod Stilbon ille dixit (de dicti auctore potest dubitari, de dicti ipsius maiestate ac sapientia nequaquam, siue id Bianti siue Stilboni ascribas) qui capta patria, amissis liberis, amissa vxore, cum ex iudicio publico solus & tamen beatus exiret, interroganti Demetrio Poliorceti, num quid perdidisset, Omnia, inquit, bona mea mecum sunt. Ecce vir fortis & strenuus, ipsam hostis sui victoriam vicit. Nihil, inquit, perdidi; dubitare illum coegit an vicisset. Omnia mea mecum sunt, Iustitia, Virtus, Temperãtia, Prudentia; hoc ipsum, nihil bonum putare quod eripi possit. Miramur animalia quædam quæ per medios ignes sine noxa corporum transeunt, quanto his mirabilior vir qui per ferrum & ruinas & ignes illæsus & indemnis euasit? Qui se habet, nihil perdidit, sed quoto cuique habere se contigit?

Dionyſij Lebei-Batillij Emblemata.

LVII.

AD NICOLAVM VIGNIERIVM BAR-
roſequanenſem, medicum & hiſtoricum
regium.

BONA FORTVNÆ SAPIENS IN BONIS NON PONIT

Cui non hic felix, omnis cui cenſus in ipſo eſt,
   Atque illa quas non perdere poſſit, opes?
Detrahat ut multum cui vel fortuna bonorum,
   Cui bona vel reſtent integra tota tamen?
Qualis qui patria effugiens incendia, undas
   Dicebat ſecum ſe omnia ferre ſua?
Nempe ea quæ intra, nos vere hæc ſunt, noſtra vel in qua
   Fortuna ipſa queat iuris habere nihil.

                        AD IO-

COCHLEÆ terreſtres aquatilesque exerentes ſe domicilio, binaque ceu cor-
nua protendentes, ceu contrahentes, oculis carent, itaque corniculis prætentant iter. Tanto te impenſius æquum eſt conſulere, atque omnes metuentum expendere caſus: Qualem Lacedæmoniorum populum fama eſt, cunctatorem fuiſſe,
& vix in ea quibus ſideret, ingredientem: qualis & cunctator naturâ fuit Suetonius ille Paullinus, cui cauta potius conſilia cum ratione, quam proſpera caſu placerent. Conſulta bis & ter quod tibi in mentem venerit, ne tibi ipſe nocuus ſis. Tibi explorentur eundę vitandęque viæ, côfuſus paſſim ne rerum per opaca vageris luſtra. Quicquid eſt, da ſpatium & tempus tibi. Deliberandum eſt diu quicquid ſtatuendum eſt ſemel. Deliberare vtilia, mora eſt tutiſſima. Mora omnis odio eſt, ſed facit ſapientiam. Qui non conſilio ſe ſuaque diſponunt, eorum more qui fluminibus
innatant non eunt, ſed feruntur. Priuſquam incipias conſulto, & vbi conſulueris,
mature opus facto eſt. Meditare atque conſulta quæ facturus es, cunctanter, diligenter vero quæ decreueris exequere, quoniam periculoſa res eſt admodum inconſiderata in rebus temeritas, & reipſa compertum eſt, quantum boni ſit in prouidentia, quantum inconſulta apportent incommodorum & malorum, ac longe
præſtare ſalutarem moram præproperæ feſtinationi, quantumuis initio ſpe bona
blandienti. Omnia non properanti clara certaque erunt, feſtinatio improuida eſt
& cæca. Quod ratio nequit, ſæpe ſanauit mora. Animus vereri qui ſcit, ſcit tuto aggredi. Romanam vnus homo cunctando reſtituit rem aliorum ducum inauſpicata celeritate iam ad extrema redactam. Et Artabanus Xerxi diſſuadens expeditionem in Græciam, Nimia feſtinatio, aiebat, ſæpe in maxima detrimenta inducit: at in cunctando bona inſunt, quæ ſi non ſtatim talia videantur, tamen ſuo tempore bona
quis eſſe comperiet.

LVIII.
AD IOANNEM LOBETIVM, I. C.

CVNCTANDVM. SAPIENTI.

Suſpenſo ut Cochleæ figunt veſtigia greſſu,
  Tutamq́ʒ explorant cornibus antè viam.
Sit caſus omnes Sapiens expendit, & omni
  Quæſita ante, mora ſedulus eſſe ſolet.

Q   AD LV-

NOCTVÆ interdiu clariſſima ſolis luce caligat aſpectus & non mediocriter oſ-
fuſcatur, noctu tamen igniculi famam auſpicatur. tota res notiſſima Lesbo pa-
trium temeraſſe cubile Nyctimeren: auis illa quidem, ſed conſcia culpæ Conſpe-
ctum lucemque fugit, tenebriſq; pudorem Celat, & à cunctis expellitur æthere toto. Ideo & noctis domina perhibetur, vnde illi nomen, & ſcribunt quidã eam com-
edi prohibitam, quia lucis beneficio nocte polleat, interdiu cæcutiat. Talis fere
Perra auis, licet grandibus oculis. Tales gemmæ illæ noctu lucidæ, interdiu inuti-
les. Sed & quidam eo ingenio ſiue vitio oculorum ſunt vt de die cæcutiant, in tenebris cernant, qualem Eudoxus Rhodius circa Celticam dicebat eſſe quandam na-
tionem, quæ interdiu nihil, noctu duntaxat videret, quales feruntur & Albani quidam populi, quibus glauca oculis ineſt pupula, ideoque nocte plus quam die cernunt. His & noctuæ perſimiles qui vanæ ſapientiæ ſtudio incumbunt, quorũ mens
acutiſſima quidem ad vanas res perſpiciendas eſſe videtur, hebetiſſima vero caligi-
neque referta ad ipſam lucem veram percipiendam euadit: qui ſapiunt vbi nihil
eſt opus, quum opus eſt, ibi dormiunt, ignaui bubones, veri veſpertiliones, quibus
ad minuta & tenebroſa cæſij acres & acuti oculi igne micantes, ſyderibus certantes
& ſimiles lucidum fulgentes vt poſſint illis quantum contendere lynceus, vt tam
cernant acutum quam aut aquila aut ſerpens Epidaurius: ſed qui ad veræ Sapientiæ lumen, videant quantum noctuæ vident manè, intellectum ſuum æterni ſolis
radiis illuminari non ſinant, contraq; diem radioſque micantes obliquantes ipſi o-
culos ſuos, rebelles lumini, cuius ſplendoribus feneſtras & oſtia omneſq; introitus
claudant, ideo etiam cæci, talpa & Leberide cæciores & quibus oculos ſtupor
vrget inertes, ideoque digni qui per diem incurrant tenebras, &
quaſi in nocte, ſic palpent in meridie. At, ſi lux tenebræ, quid tenebræ tandem
erunt?

Dionysij Lebei-Batillij Emblemata.

LIX.

AD LVDOVICVM SERVINVM, IN SE
natu Parisiensi aduocatum regium.

VANÆ SAPIENTIÆ STVDIVM.

59

Conscia nunc etiam culpæ fugit improba larem
    Myctimene, volucris crimine facta suo,
Solis & occasum seruat, tristesq; tenebras,
    Queis acri visu sydereoq; micat.
Ascalaphus & sunt tam grandia lumina, nostris
    Queis nihil in media luce videre queunt.
In tenebris lynceum cernunt, vanisq; sagaci
    Ingenio in rebus consilioq; vigent.

Q 2   AD IOAN-

FABVLOSISSIMA fere est antiquitas, & antiquissima quæque commentitia pertica pictorum, veri nihil, omnia ficta. Sic nos fallit spatiosa vetustas, sic verum falso simplexq; vario, sic miscet humana diuinis, sic fucatis variare dictis paginas nouit, nec aperta quicquid veritas prodit recinit per æuum simplice lingua. Sic monstrosa Historiæ forma variis scriptionibus sibi ipsi dissimilis apparet, qualem fingunt Poetæ Protea antiquissimum maris Deum senem polymorphon & subinde vultus mutantem in quaslibet rerum species, omniaque transformantem se in miracula rerum. Nam veteres illi Herodotus Ctesiasque Cnidius, atque his superiores, denique Homerus ipse viri celebres, mendaciis etiam scriptis vtebantur, vt non solum eos fallerent à quibus tunc audiebantur, verum vsq; ad nos etiam mendacium per manus traditum perueniret, in pulcherrimis versibus seruatum: vt quum cœli sectionem, ac Promethei vincula recensent, Gigantumq; rebellionem, atque omnem illam de inferis tragœdiam, & quo pacto ob amorem Iupiter in taurum & cygnum versus sit, & quemadmodum ex muliere quispiam in auiculam vrsamue mutatus sit: Pegasos præterea, Chimerasque & Gorgonas ac Cyclopas, atque id genus omnia, admodum absurdas monstrosasque fabulas, & quæ mentes puerorum afficere queant, qui laruã adhuc lamiamq; metuunt. Sed non multo verecundiores, qui apud Cretenses sepulchrum Iouis ostendi tradũt, Erichthonium editum è terra, primosque illos homines in Attica olerum more è terra emersisse, ex serpécis dentibus satiuos quosdam progerminatos, Triptolemum in alatis draconibus per aëra vectum, Orithyiam Athenis ab Aquilone sublatam, inambulantem post excessum suum Romulum Proculo Iulio dixisse se Deum esse, & Quirinum vocari, templumq; sibi dedicari iussisse, cum Ægeria collocatum Numam, ab aquila Tarquinio apicem impositum, Albano Musas in monte locutas, & cætera eiusmodi diphthera ipsa vaniora & ad ostentationem scenæ
gaudentis miraculis aptiora quam
ad fidem.

LX.
AD IOANNEM ALTISSIODO-
renſem I. C.

ANTIQVITAS FERE FABVLOSISSIMA

Quantò annoſa magis, magis eſt ſucata vetuſtas,
  Mixta canens veris falſa, profana ſacra.
Antiqua ut viridi premitur circundata muſco,
  Atque aliud ullum, non decus, arbor habet.

Q 3   AD CO-

QVOD videmus accidere pueris, hoc & nobis quoque maiusculis pueris euenit, quibus metus incutit vmbra & personarum deformitas, & deprauata facies; lachrymas vero euocant nomina parum grata auribus, & digitorum motus, & alia quæ impetu quodam erroris improuidi refugiunt: Etiam quos amant, quibus assueuerunt, cum quibus ludunt, si personatos vident, expauescunt, diffugiunt visu exangues, sola & inani opinione afflicti. Non hominibus tantum, sed & rebus personæ demenda est, & reddenda facies sua, videndum quid in quaq; re sit, tum scies nihil esse in plerisq; terribile nisi ipsum timorem. Et vt manducos, Pythones, personæ pallentis hiatus, laruas & mormolycea eiusmodi & alia tetricula formidantibus pueris in manibus tradimus & inuertimus, quo re perspecta, vanos terrores contemnere assuescant : ita nos quoque quod verum & falsum, quod fragile & vanum, ac tragicis fabulis est persimile, diligentissima consideratione quasi manibus pertractantes, detegere oportet, ne imponant nobis venefici & præstigiatores illi maleficarum arti inuentores, qui quia bonæ artes ipsis desunt, dolis atque fallaciis contendunt, & mendaciis assueti, focati, eruditi artificio simulationis, multis inuolucris tegunt, & quasi velis quibusdam religionem & veritatem obtendunt, qui in profundo demersam eam tenent, nihil illi relinqui, opinionibus & institutis omnia teneri volunt, omnia latere censent in occulto, neque esse quidquam quod cerni aut intelligi à nobis debeat. Et Cimmeriis quidem quibus adspectum solis siue Deus, siue natura ademerat, siue eius loci quem incolebant, situs, ignes tamen aderant, quo tum illis vti lumine licebat. Isti autem tantis offusis tenebris ne scintillam quidem vllam nobis ad adspiciendum reliquerunt. At tollite signa illa fucata sanctimoniæ & probitatis species, tollite pompam istam sub qua latetis & stultos territatis, præstigias & captiones illas & quam tantum temporis sub leonis pelle ridiculam simiam circumfertis, date aspici propius, attrectari, excuti, in manus sumi, sine vehementer puer sit qui talibus terriculamentis expauescat, & rerum occultarum ignoratione sublata, cognitionis regula & iudicio ab eadem illa constituto, verum à falso statim non distinguat.

LXI.

AD COSMVM CLAVSSEVM-MAR-
chomontium Epiſcopum Catalaunenſem,
[Parem Galliæ.

LARVATA RELIGIO.

Aſpicis ut vano làrvæ terrore tremiſcat;
  Exanguis viſu diffugiat q̃ puer?
Vixque animus redeat, i commonſtratur in anis
  Inq̃ manu illi larua terenda datur?
Conſulam arripiunt multis Telchinea, mentem
  Orgia, lymphato ſollicitantq̃, motu.
Quæ propius perſpecta, ſtatim ſe ludicra produnt,
  Illaq̃ póſt tantum pertimuiſſe pudet.

Adver-

CANCRIS genuinum obliq; ingredi, & vt ait facetiſſimus Poeta: Vt Cancer re-
Cta ambulet, haud effeceris vnquam. Atq; hi cum à te capi facillime poſſe putes, retrouerſum ſeſe velociſſimo curſu eiaculantur: vnde vulgo etiam in aliqua re
falſis, quam ſe nactos iam arbitrarentur, cancrorum venationem obiicimus. Cuius
eiuſdem ſubterfugij cauſa, cum his Sophiſtas conferre liceat, genus tanquam H p-
pocentaurorum compoſitum quid & miſtum, in medio ſuperbiæ & philoſophiæ
errans, neque ignorantiæ finem imponens, qui opinationem & temeritatem circa
omnia potius quam veram ſcientiam habent, contentioniſque ſtudio delectati, vt
fallunt ea nos vitia quæ virtutem videntur imitari, ſic illam diſputandi prudentiam
concertatione pertinaci captationeque verborum imitantur, quæſtiunculas ſemper aucupantur, & quaſi præſtigiis quibuſdam vtentes, adoleſcentulos procul à veritate rerum adhuc exiſtentes decipere valent, imagines quaſdam veriſimiles loco
verarum rerum auribus inculcando, adeo vt vera eloqui, omniumque hominum
eſſe in omnibus ſapientiſſimi videantur: ſed quos vbi validiori aliqua ratione de-
uictos comprehenſoſque putes, tum retro fugaci curſu elapſi pro diuerticula, maiorem priore tibi laborem intentant ſi eos confectandi curam ſuſceperis. Adeo va-
rium hoc animal, & vt prouerbio fertur, non altera manu duntaxat apprehenden-
dum. Quare ioculoſe fabulatur Plato Herculem tot immanium monſtrorum do-
mitorem, etiam aduerſus cancrum deſudaſſe. Qualem nugatorem & garrulum velutque mercatorem & cauponem cœleſtis doctrinæ, fugientem & caſſa parantem
ſuffugia, memini ante aliquot annos, à te vir maxime, oppreſſum, cum primũ quidem pacifice ſatis exorſus eſſet, cæterum procedente aliquantum diſputatione, in-
tenderet vocem vſque ad tonum ſeu modum quem orthium vocant, vt exinde,
cum nimium diſtenderetur atque eloqui magna contenderet, & facies illi magis
rubeſceret, & collum intumeſceret, & venæ extentiores apparerent, perinde vt ti-
bicinum ſolent quando anguſtam tibiam inflare vi coguntur: paulatim vero
ineptior ille, poſtremo omnium ineptiſſimus iudicaretur, qui nulla de re præcipue grauiori vel quid vel quanta
vel qualis eſſet, intelli-
geret.

LXII.

IN SOPHITAS THEOLOGOS

Adverso ut pressus Lernam ab Hercule Cancer
Nequicquam, monit callidus artis opem.
Sic trepidum nuper, frustra retroque ferentem
Adversos passus (qua celer arte potest)
Sic à te & frustra conantem, multa Sophistam
Vidimus oppressum, Vezeliane rapi.

R   AD HO-

QVEMADMODVM membris vtimur prius quam didicimus cuius ea vtilitatis caufa habeamus, fic inter nos naturâ ad ciuilem communitatem coniuncti & confociati fumus. Quanta autem vis Amicitiæ fit, ex hoc intelligi maxime poteft quod ex infinita focietate generis humani, ita contracta res eft & adducta in angu-ftum, vt omnis caritas aut inter duos aut inter paucos iungeretur. Eft autem Amicitia nihil aliud nifi omnium rerum cum beneuolentia & caritate fumma confen-fio; qua quidem haud fcio an excepta fapientia quicquam melius homini fit à Deo immortali datum. Diuitias alij præponunt, bonam alij valetudinem, alij poten-tiam, alij honores, multi etiam voluptates: beluarum hoc quidem extremum eft, illa autem fuperiora caduca, & incerta, pofita non tam in noftris confiliis, quam in fortunæ temeritate. Qui autem in virtute fummum bonum ponunt, præclare illi quidem, fed hæc ipfa virtus amicitiam & gignit & continet, nec fine virtute amici-tia effe vllo pacto poteft. Quin Poetæ volunt homines conciliatoris Dei ductu a-micos fieri, dum aiût, Deus fimilem femper ducit ad fimilem & notum facit. Qua-re & Amicitiam Deam inter fua numina gentes collocauêre, quamuis eius aras non legamus, nec imagines.

Sed forma hic iuuenilis indicat amicitiam femper recentem, nullaque tem-poris diuturnitate tepefcentem. Atque tanto certior eft, quanto vetuftior, quia fa-cile mutari non poteft quod per longa fæcula cuftoditur.

Nudum caput, vt omnibus pateat. Nullis repudianda eft amicitia fefe inge-rentis ad amicitiam copulandam. Amicus prompto & patulo amicitiæ finu rece-ptandus. Neque vllo vnquam tempore amicum publice fuum fateri erubefcit.

Rude Amicitiæ indumentum, quod amicus non vlla ardua extremamq; in-opiam pro amico fubire recufet. Amicus ab inimico non faciei lineamentis aut nomine difcernitur, fed vfu & operibus. Nihil fic probat amicum quemadmo-dum oneris amici fupportatio. Nemo nifi per amicitiam cognofcitur, & ideo ami-corum mala firmiter fuftinemus, quia bona eorum nos delectant & tenent. Cæte-ræ res quæ expetuntur, opportunæ funt fingulæ rebus fere fingulis, diuitiæ vt vtare, opes vt colare, honores vt laudere, voluptates vt gaudeas, valetudo vt dolore ca-reas, & muneribus fungare corporis: Amicitia res plurimas continet, quoquo te verteris præfto eft, nullô loco excluditur, nunquam intempeftiua, nunquam mo-lefta eft. Secundas res fplendidiores facit, & aduerfas patiens communicanfque le-uiores, quas ferre difficile effet fine eo qui illas grauius etiam quam te ferret. Neq; amicus eft qui fortunæ particeps non eft, & qui amici onera & incommoda quafi iuncto humero fimul non portet. Neque facile diiudicatur amor verus & fictus nifi aliquod incidat eiufmodi tempus, vt quafi aurum igne, fic beneuolentia fidelis periculo aliquo perfpici poffit. Si iacturæ rei familiaris erunt faciendæ, labores fuf-cipiendi, adeundum vitæ periculum, ne tum quidem amicus fe refpicit & cogitat

fibi

Dionyſij Lebei-Batillij Emblemata.

LXIII.

AD HONORATVM MAVROY,
Tricaſſ.

AMICITIA

At quam te memorem ſeu virgo, ſeu Dea fare;
  Seu Dea, ſeu virgo, qualis & vnde genus?
Et Dea ſum, & virgo, poſitis pro nomine ſignis
  Nota ſatis, Ioue quæ ſum ſata AMICITIA.
Cur iuuenis forma? non me ætas ipſa Sibyllæ
  Non mutet & quæ tempora cuncta trahunt.
Cur tibi detectum caput eſt? Pateo omnibus, & non
  Vllum vllis pudor eſt eſſe negare meum.

R 2   Quid

Dionysij Lebei-Batillij Emblmara.

Quid toga tam lacera est? Alcidæ ferre labores
    Vna Iri possum pauperiemq́ pati.
Sed vitæ & mortis titulos quid fimbria præfert?
    Ad mortem vsque meus continuatur amor.
Cur Æstas & Hyems porrata in fronte notantur?
    Vera fides quouis tempore firma manet.
Cur tibi sic latus est ipsumq́ ad pectus apertum?
    Ipsum animi, nudo sic penetrale, mei.
Brachium at inclinans digito quid cordea monstras?
    Cordi vt lingua & opus convenienter eant.
Quid cordi hæc inscripta tuo LONGE & PROPE signant?
    Absens vt præsens sic mihi semper adest.

FINIS.

iquemque natum esse & suis voluptatibus: vadem se ad mortem tyranno dabit
o amico, vt Pythagoreus ille fecit Siculo tyranno: Pylades cum sit, dicet se esse
restem, vt moriatur pro amico, aut si sit Orestes, Pyladen refellet, se indicabit.
erus amicus statuit omnem cruciatum perferre & intolerabili dolore lacerari
tius quam aut officium prodat, aut fidem. Quare nihil Amicitiâ melius arbitrantur Scythæ, neque erat in quo magis gloriarentur quam in adiutandis amicis,
mmunicandisq; rebus acerbis, quemadmodum neque probrum apud eos maius
lum quam amicitiæ desertorem videri: quodq; alij in ambiendis coniugiis, id il-
in amicis non grauabantur, diu quasi procos agentes, & vbi iam in amicitias cæ-
ris repulsis (admittebant autem ad huiusmodi fœdera ad summum tres) delectus
at quispiam, protinus fœdus inibatur, ac iusiurandum quod esset maximum, ni-
irum & victuros eos paritis, & mortem oppetiturum, si sit opus, alterum pro al-
ro. Etenim simul atq; incisis digitis sanguinem in calicem infudissent, summis-
ue intinctis gladiis ambo pariter admonentes, bibissent, nõ erat quicquam quod
inde illos posset dirimere. Ideoq; quod Orestes & Pylades in hac amicitia præ-
ntes extitissent, Coraci ab eis vocabantur, id est, Amicitiæ præsides.

Vita & Mors in vestimento Amicitiæ quod qui vere diligunt, vsque ad mor-
m amant, Quos neque disiungat fœdere summa dies. Amicitiæ ortus à natura, &
ia natura mutari non potest, idcirco veræ amicitiæ sempiternæ sunt. Quanquam
hil difficilius quam amicitiam vsque ad extremum vitæ diem permanere, cum se-
mutentur mores hominum, alias aduersis rebus, alias ætate ingrauescente.

Æstas & Hyems: Quia desultoria non debet esse amicitia, tempori tantum
ruiens, vt ex vsu & cõpendio amantis instituta, ideoq; mutabilis & varia pro con-
tione temporum. Ex amore amicitiæ nomen est ductum, quam si ad fructum no-
rum referemus, non ad illius commoda quem diligimus, non erit ista amicitia,
d mercatura quædam vtilitatum suarum. Prata & arua & pecudum greges dili-
ntur isto modo, quod fructus ex eis capiuntur: hominum caritas & amicitia gra-
ita est. Sed quid? quam graues quam difficiles plerisque videntur calamitatum
cictates? ad quas non est facile inuentus qui descendat. Quamquam enim En-
us recte, Amicus certus in re incerta cernitur, tamen hęc duo leuitatis & infirmi-
tis plerosque conuincunt, aut si in bonis rebus contemnunt, aut si in malis dese-
nt. Qui igitur vtraque in re grauem constantem stabilem se in amicitia præstite-
t, hunc ex maxime raro hominum genere iudicare debemus, & pene diuino. Fir-
amentum autem stabilitatis constantiæq; eius quam in amicitia quærimus, fides
t. Nihil enim stabile est quod infidum est. Amicis stat ad finem longa tenaxque
les. Theseus vetat tranquilli comitem temporis esse fidem. Turpe referre pedem
c passu stare tenaci, Turpe laborantem deseruisse ratem. Turpe sequi casum &
rtunæ cedere, amicum Et nisi sit fęlix esse negare suum.

R 3 Latus

Latus apertum vſque ad cor habet Amicitia, quia nihil amicus amico celat. Solatium huius vitæ eſt vt habeas cui pectus tuum aperias, cui arcana communices, cui ſecreta pectoris tui committas. Liceat qualis ſit vnuſquiſq; videre diſciſſoque pectore & animo perſpecto, vbi poſt rurſum clauſeris, amicum ſincera mente hominem æſtimare. Quod ſi in ſcena, id eſt, in concione in qua rebus fictis & adumbratis loci plurimum eſt, tamen verum valet, ſi modo id patefactum & illuſtratum eſt: quid in amicitia fieri oportet quæ tota veritate perpenditur? in qua niſi, vt dicitur, apertum amici pectus videas tuumque oſtendas, nihil fidum, nihil exploratum habeas, ne amare quidem aut amari poſſis, cum id quam vere fiat, ignores? In pectore amicus quærendus eſt, illo recipiendus eſt, illic retinendus, & in ſenſus recondendus.

Brachium inclinat & digito cor oſtendit, vt opus cordi & cor verbis reſpondeat.

Longe & prope quod ſcriptum eſt, indicat veram amicitiam nullo tempore aboleri nec locorum intercapedine diſiungi. Boni viri nec interuallis locorum nec temporis diuturnitate ſuum amorem imminui patiuntur, amicum abſens abſentem auditque videtq; & amicus adeſt creberrimus abſens. Amicus ſi ſim toto licet abſtrahar orbe vel æuo, non animo diuiſus agam: amicitiam hanc non terris abſentia longa diremit nec perimet. Et ſi eſſe vna minus poterimus quam volumus, animorum tamen coniunctione, iiſdemq; ſtudiis ita fruemur, chariſſime & amiciſſime Conſobrine, vt nunquam non vna eſſe videamur.

EQVITVR RESIDVVM TEXTVS IN PA-
raphrafi, fuis locis ad quæque Emblemata pro literarum fignatura annectendum.

B.
AD EMBLEMA XXII.

QVi memoriam difcordiarum obliuione continua deleri non finunt, qui in
hoc vlcere tanquam vnguis exiftunt, obductamq; fere reip. cicatricem re-
ricare non ceffant, qui pacem multo reparatam fanguine irritam faciunt, fem-
erque fraudi aliquam iuris fpeciem imponunt, vt facilior eft inter malos con-
enfus ad bellum, quam in pace ad concordiam: procellæ patriæ, turbines &
empeftates pacis atque ocij, deteftabiles ciues reip. nati, fi ciues aut homines
abendi funt, qui ciuile bellum profligatum ac pene fublatum renouare con-
upifcunt: efficiuntq; vt dum leuati morbo videremur, in eundem de integro
ncidamus, vehementiufque laboremus: quos delubro concordiæ totas faces
mmittere iuuet, vt nihil in rerum natura tam facrum eft, quod facrilegum
ion inueniat. Qui denique ferro, qui metu, qui edictis, qui priuilegiis, qui præ-
entibus copiis proditorum, abfentis exercitus terrore, & minis, confulum fo-
ietate, & nefario fœdere oppreffam tenent remp. cui vt Helena Troianis, fic
lli, vt belli, ita caufa peftis atque exitij futuri funt. Quorum fane nomina do-
endum effet ex hominum memoria excidere, vt quos infamiam & dedecus in
præmium fuorum fcelerum eorumque pofteros reportare fatius fit.

C.
Ad Emblema XXIII.

Et Hyperdocus ille Perithædes Athenis homo ex nullis audaciam fumens opibus, fed ex audacia ad opes promotus, factus eo quem in ciuitate habebat honorem ignominia ciuitatis, cum nempe diftracta tunc in duas factiones ciuitas
audaciffimis & verfutiffimis locum daret. Sic in rerum tumultu pro tempore
Pars humili de plebe duces, pars compede furas Cruraq; fignati nigro reniten-
tia ferro Iura regunt, coquus hic, hic leno, hic fepius emptus, Alter ad Hifpanos
nutritus verna parentes. Etquid iam mirum fi dominatus Sylla eft quùm Glau-
ciæ & Saturnini exigerent vrbe Metellos, Confulum filij in concione occide-
rentur, auro & argento arma pararent, milites redimentes ferro & igni, leges
figerent, vim adhibentes repugnantibus?

D.
Ad Emblema XXIX.

Interritus & contra pericula it, & inter illa, neque illis vndique imminentibus,

S   alliferit

alliferit virtutem, nec abfconderit. Sed quanto illa maiora funt, tanto maiorem
fibi hanc aduocat, velut cum hofte noto ac fæpe iam victo acrius fit congredi-
endum, hac fe fuftentat, hac fe inuoluit vt hac vna contentus huius vnius in
poffeffione effe videatur, ex qua depelli nunquam poffit, & vt arbores ventis
agitatæ altius radices agūt, fic illa arctiffimis defixa radicibus, aduerfitatum fla-
bris impulfa, minus labefactari, minus dimoueri loco poteft. Effe aliquid inui-
ctum, effe aliquem in quē nihil fortuna poffit, à Republica humani generis eft.
O fama ingens, ingentior armis vir maxime, cuius Herculeum tantis numen
non fufficit actis, macte ifta virtute, fic itur ad aftra, fi te nulla dies tam fortibus
aufis diffimilem arguerit.

E.
Ad Emblema XXX.

Et ad eximiam quoque gloriam fæpius fortunæ quam virtutis eft beneficium.
Multi ad Pompeianum illud elogium, maiore fortuna, quam fapientia, quibus
domientibus Dij omnia conficiunt, quibus nihil agentibus in finum de cœlo
infperata etiam decidunt. Sic Timotheus Dux Athenienfium nulla prudentia
nulloque confilio tot victorias affecutus, tot vrbes domuiffe narratur, vt quidam pinxerint illum dormientem, fortuna interim circumeunte, & vrbes in v-
num rete contractas ei tradente. Sic Vitellio principatum detulere qui ipfum
non nouerant, ftudiaq; exercitus raro cuiquam bonis artibus quæfita perinde
affuere quam huic per ignauiam.

F.
Ad Emblema XXXV.

& hac illacque ducimus. Dictus inde Archimedes Geometricas omnes facultates, quæ quinque cenfentur, in vnum tractoriæ huius machinæ corpus coniun-
xiffe: de qua cum & ad Hieronem Syracufarū Regem fcripfiffet, tanta vi quaf-
libet moles librari & verfari poffe, imo etiamfi altera terra fuppeditaret, digref-
fum in illam, hanc fede fua emoturum; rogatus ab eodem Rege, vt fidem rei fa-
ceret, tum ipfe procul fedens nauem onerariam ex regio demptam nauali; quæ
trahi in terram, nifi ingenti labore & per multos homines non poterat, impofi-
tis multis vectoribus onereque, non magno conatu, fed fenfim rectam, nec vf-
quam hæfitantem ac quafi per mare attraxit currentem. Inde ille mirabilis in-
uentor ac machinator bellicorum tormentorum operumque quibus ea, quæ
hoftes ingenti mole agerent, ipfe perleui momento ludificaretur.

  Macte ifta virtute Ioan. Traualti, qui nouam fpeciem huius artis, ab intelle-
ctu in opus educere & rationem aliqua ex parte per fenfum vfui aptatam in medium

lium proferre studes. Sine effectus artium tuarum recognitos, aliquid nobis
afferre voluptatis, & quam vtiliter excogitatæ sint, patêre, sine lucido in loco
reponi, & laborem tuum in his edendis suo fructu non carere.

G.
Ad Emblema XXXVII.

Non sanguinis ordine licet materno generosior ortu, sed meritis & virtutis
honore Vlysses aduersus Aiacem Achilis proposita arma petebat. Nec vllum
censeri laude suorum velim sic vt nihil ipse futuræ laudis agat, miserum est a-
lienæ incumbere famæ, ne collapsa ruant subductis tela columnis: nomenque
suum alienis obumbrare virtuibus, & in illis non in suis habere præsidium, ne
vnoquoque suum reposcente nudus ipse de proprio rideatur. Fumus hic est
obsoniorum qui tantum nares prouocat, non nutrit, ita neminem beat parentum aut stemmatum sola antiquitas, sed duntaxat virtutis admonet. Verus nobilis non nascitur, sed fit, & ipsa claritas non nascendo quæritur, sed viuendo:
perit omnis in illo nobilitas, cuius laus est in origine sola. Quis ergo generosus?
ad virtutem bene à natura compositus. Quis alio nobilior? cui rectius ingenium & bonis artibus aptius:

O qui nominibus cum sis generosus auorum
Exuperas morum nobilitate genus.
Felix qui tantis animum natalibus æquas
Et partem tituli non summam ponis in illis,
Nam quanquam antiqua gentis superant tibi laudes,
Non tua maiorum contenta est gloria fama,
Nec quæris quid quaque index sub imagine dicat,
Sed generis priscos contendis vincere honores,
Quam tibi maiores maius decus ipse futurus.

H.
Ad Emblema XXXVIII.

Difficilia enim debent esse quæ exercent, quo sit leuius ipsum illud in quod exercent, vt athletæ ponderibus plumbeis assuefaciunt manus, quibus vacuis &
nudis in certamine vtendum est. Ferenda difficilia vt facilius difficiliora feramus, Fac tibi cósuescat nihil assuetudine maius, Quam tu dum capias tędia nulla fuge: Labor continuus consuetudine fit scipso leuior. Huiusmodi principiis
tempore duramentum & robur accedit, & animus duris rebus assuetus, minus
offenditur, vt iumenta quorum in aspero indurata est vngula, quamlibet facilius patiuntur viam. Sic infici puer iam debet in artibus, quas si, dum est tener

com-

combiberit, ad maiora veniet paratior, sic angustam pauperiem pati acri militia condiscere, vitamque sub dio & trepidis agere in rebus. Sic præbendus laboribus vt contra ipsos ab ipsis duretur, quemadmodum & Persæ & Lacedæmonij & veteres Germani liberos instituere solebant. Sic labores vltro suscipiendi, vt etiam adacti ferendis sufficere queamus, quale inter labores voluntarios & exercitia corporis ad fortuitas patientiæ vices, firmamentum hoc Socrates facere insueuerat, vt pertinaci statu perdius atque pernox à summo lucis ortu ad solem alterum orientem staret inconniuens, immobilis iisdem in vestigiis & ore atque oculis eundem in locum directis cogitabundus. Adeo magna res est constantia,& in proposito suo perseuerantia, vt ad contemnendam malorum patientiam, animus patientia perueniat. Labor est vnus tempora prima pati.

Ad Emblema XLV.

Marmora Smyrnei vincunt monumenta libelli, Viuitur ingenio, cetera mortis erunt. Et chartis nec furta nocent nec secula præsunt Solaque non norunt hæc monumenta mori; sunt illa ære perenniora, regalique situ pyramidum altiora quæ non imber edax non Aquilo impotens possit diruere aut innumerabilis annorum series & fuga temporum. Cogites ergo velim mortale corpus omnes nos habere, sed gloria, laudibus, perpetuitate famæ, compotes immortalitatis fieri, cuius cupiditate omnes vires exerendæ nulliq; labores recusandi, sed quanto breuior vita est ista qua fruimur, tanto longior memoria nostri efficienda, & is demum viuere atque frui anima videtur qui artium bonarum famam quærit. Tanto magis hoc quicquid est temporis futilis & caduci studiis proferamus & quatenus nobis denegatur diu viuere, relinquamus aliquid quo nos vixisse testemur. Breuior fama quæ humanæ vitæ spatio terminatur. Tentanda via est qua te possis tollere humo, victorque virûm volitare per ora; Condere victuras tantisper sæcula chartas, Et nomen flammis eripuisse tuum: Molire animum qui duret, & eo impende laborem vnde diuturnus honos speretur. Thesauros ingenij & eruditionis tuę aperi, vt nomē tuum ab obliuione vindices, qui non claudam vt ait Plato, vitam exegeris. sic tu ipse potissimum tui præco in medio terrarum orbe stabis. Arduum hanc parare gloriam, sed parata nunquam intermoritur, & responsura tuo par fama labori.

Ad Emblema XLVI.

Quare rex Laconum Musis ante pugnam sacrificabat vt præclaris gestis preclaræ orationes contingerent. Sic ipse per Ausonias Æneia carmina gentes qui sonat, Ignotus populis, si Mecoenate careret. Sic vetustatis memoranda custos

regios

egios actus simul & fugaces temporum cursus docilis referre aurea Clio, ni-
il magnum sinit interire, nil mori clarum patitur, reseruans posteris prisci
onumenta sæcli condita libris, Neque officio vatum per carmina facto Prin-
pibus res est aptior vlla viris, Neque si chartæ sileant, quod bene feceris
ercedem tuleris. Quid foret Iliæ Mauortisque puer si taciturnitas obstaret
eritis inuida Romuli? Ereptum Stygiis fluctibus Æacum virtus & fauor &
ngua potentium vatum diuitibus consecrat insulis. Dignum laude virum Mu-
vetat mori, Cœlo Musa beat, sic Iouis interest optatis epulis impiger Hercu-
s. Sic magnæ strenuitates tenebras multas habent quum hymnis carent, qui
ctis diuturnius viuunt, & vt aurum excoctum fulgores suos patefacit, sic illi
rum qui res præclaras gessit, reddunt regibus parem sorte. Et maior fuit fama
lyssis quam ea quæ pertulit, propter suauiloquum Homerum. Qualem Ale-
ander desiderauit sibi dati ad res ab ipso gestas immortalitati consecrandas.
Qua fuit arte pergratus Ennius Scipioni Africano, Euripides Archelao,
Auarreon & Æschylus Polycrati, Simonides Hieroni Syra-
cusano, Aratus Antigono, Virgilius Augusto,
Horatius Mœcenati, & alij
aliis.

FINIS.

S 3   ERRA-

Errata sic corrige.

In præfat. linea 29. pro quándo, quanto.

Emb. 1. Verf. 3. pro flamine, ftamine.

Emb. 2. in paraphrafi lin. 13. pro feruitute, fene-
ctute.

Emb. 3. in paraphra lin. 4. & fere prius defunt.
lin. 16. pro augufto, angufto. lin. 25. nihil fentiant.

Emb. 5. Verf. 1. Cruda & adhuc.

Emb. 8. in paraph. lin. 1. Aefchylus Athenienfis.
lin. 15. fugacem perfequitur Vitam.

Emb. 9. Ver. 1. maculofa. Verf. 4. Et nil non nobis.

Emb. 10 Verf. 4. pro color, dolor.

Emb. 11. in paraph. lin. 13. Naturæ ipfi Vim afferre. Boues ad arandum. lin. 16. pro differentem differentem.

Emb. 12. in paraph. lin. 17. obedienter. Verfu 1.
Iudice nempe Deo fic fortis alea noftra,
Talorum & lufu teffera miffa cadit.
Verfu 4. Corrige aut cafus qua datur arte,
decet.

Emb. 13. in paraph lin. 18. atq; in nubem cogitur
aer. Verf. 1. Qui te cunq; premat.

Emb. 15. Verf. 2. Nec fefe ipfe mouens.

Emb. 16. Verf. 2. Sulcos obliquant,

Emb. 17. in paraphrafis principio,
Qui quodã Creta fertur Labyrinthus in alta
Parietibus textum cæcus iter, ancipitemq;
Mille Vijs habuiffe dolũ, qua figna fequendi
Falleret &c. Verf. 1. pro iftius, ifthinc.

Emb. 18. Verf. 2. concepit integræ.

Emb. 19. in par. lin. perit forex. Verf. 3. oftentat.

Emb. 20 in paraph lin. 2 pro periculofam peri-
culofum. lin. 25. efferentem fe fortunam. Ver.
1. Ipfa fui nimia eft.

Emb. 21 in par. lin. 15 pro mentes, montes. lin. 26
mole ruit. lin. 35. talia Viuo. Verf. 9. At tu ira-
cundos ignes.

Emb. 22. Verf. 2. Vicinas rapiant incendia.

Emb. 24 in paraph. lin. 28. pro damon dum, lege,
Dæmonium. Verfu 3. fibi rerum in turbine
quarant. Verf. oppofitas acies.

Emb. 25. in paraph lin. 8. & exultantem euertit.

Emb. 26. in par. lin. 6. aliera alterã inflammat,
donec finguli. lin. 12. Vulnus exire: cadentes.
li. 17. pro feu ceu. li. 24. multiplici nexu. li. 28.
patria noftra. Ver. 2. nodis implicuit q; draco,

Emb. 27. in paraph. lin. 7. pro iudiciũ, indicium,
Verf. 2 proffera figna dabit.

Emb. 28 in parap. lin. 25. Qualis fymbolo. lin. 29.
fine cognatione, fine domo fit. Verf. 4. cum,
baccis oleam cufpide tacta Deæ.

Emb. 29 in paraph. lin. 29 pro hoc habet, lege habet. lin. 30 Verfantur, fuperat : ita. Verf. 2. in-
tonet illa minas. Verf. 4. cladibus obturat,
Verf. 11. Sthenelus hoftis. Verf. 15. exurgere
perge labores.

Emb. 30. in par lin. 3. confilia proffere. lin. 5. ma-
le confulta quæm hoftes. li. 14 nonnullis proffere. lin. 18. pro feculo, æftro. Verf. 4. res bene
femper eunt.

Emb. 31 lin. 20. pro Voluerit, Voluens li. 26. Verba hæc paulo iuferius fequentia (infufus,
geftaminis lapfi tenuitus abrumperet fomnum) lege poft Verba (fopor laxaffet.)

Emb. 32. in para. lin. 15. Palladis Vbiq; armata.
lin. 18 pro laurea, lancea. lin. 28. dominari,

Emb. 35 lin. 8. ab imbecilli fene. li. 15 pro aluum,
alnum, 26. non Violentia. lin. 27. Verba ite-
rata dele 33. Sic nunquam.

Emb. 37. in paraph. lin. 11. pro Veritatem Varie-
tatem. Verf 13. Iuftitiamque.

Emb. 38. Verf 2 poftmodo ferre.

Emb. 39 in par. lin. 3. Quod hic de fefe. lin. 18 pro
adornat, adornatam. lin. 19. pro cano, caue.

Emb. 40. Verf. 1. Affuetus canea.

Emb. 41. in par. lin. 15. pro arefcit, acefcit lin. 19.
pro audtiũ, audiens. lin. 22. & in confulta-
tione, lin. 30 pro dicebat, diceret.

Emb. 42. in par. lin 20 pro habente, hercule. lin.
32 ad concoquendum. Verf. 4. cum monftrare.

Emb. 43 li. 3. tempus eft, quippe. li. 5. pro crudis,
rudis. li. 12 partu quum reddidit. li. 33. rectiq;
cultu.

Emb. 44. lin. 3 palma cortice eft. 17. ex fomnis.

Emb. 45 lin. 3 funt rerum Vulgo Iudices. lin. 5.
quod mirétur. li. 33. quæritur, fic fine literis.
Poft Verfum quartũ hoc diftichon inferendũ
Sed docta durant Vtiuntq; in fæcula Mufæ
Solæq; non norunt hæc monumenta mori.

Emb. 46. in paraph lin. 11. Vetuftate deforma-
tam. lin. 12. rerum potente. li. 15. & præmiũ.

FINIS.

ΑΡΕΤΗC
CΚΙΑ
ΦΘΟΝΟC.

ΠΑCΙΝ ΕΥ ΦΡΟΝΟΥCΙ
CΥΜ—ΜΑΧΕΙ ΤΥΧΗ.

IANI IACOBI
BOISSARDI
VESVNTINI

Emblematum
liber.

Ipsa Emblemata ab Auctore
delineata; a Theodoro de Bry
sculpta, & nunc recens
in lucem edita.

Francofurti ad Moenum.
CIƆ IƆ XCIII.

ΚΑΛΩC ΑΚΟΥΕΙΝ ΜΑΛΛΟΝ Η ΠΛΟΥΤΕΙΝ ΘΕΛΕ.

A ILLVSTRE ET
VERTVEVSE DAME CA-
THERINE DE HEV, FEMME
ET ESPOVSE DE HAVT ET PVIS-
fant Seigneur Meffire Claude Antoine de Vienne,
Chevalier, Baron de Clervant, Copet, &c.

Ian Iacques Boiffard.

MADAME, d'autant que je me fuis apperceu par plufieurs fois, que, côme eftes addonnee à la fpeculation des chofes qui appartiennent à l'inftruction de l'ame, avez prins pleifir à la lecture d'un petit livret d'Emblemes que je mis en lumiere il y a environ quatre ans. I'ay eftimé eftre de mon devoir (pour l'obligation que i'ay à voftre maifon, à caufe de tant de biens & honneurs que i'en ay receu & en reçoy journellement) d'en recuillir un autre volume, les pourtrais defquels i'ay interpreté par diverfes fentenes, appropries à la matiere de laquelle traictent lefdits Emblemes, extraictes de divers autheurs Philofophes & Poëtes. Ce que je vous dedie, comme à celle à qui toutes mes eftudes fe doivent raporter: m'eftimant en cela eftre bien honnoré, quand il vous plaira de recevoir ce petit œuvre pour agreable, avec tout ce qui peut proceder d'un bon cœur de celuy qui defire demeurer à perpetuité.

Voftre treshumble & trefo-
beïffant ferviteur.

A ij   A ELLE

A ELLE MESME
SONNET.

MADAME, *ie vous offre espars en ce volume*
(Comme i'en suis tenu) ces Emblemes divers.
I'y louange les bons, I'y blasme les pervers,
I'y blasonne la bonne & maligne coustume.

Ce n'est pas que pourtant arrogant je presume
Acquerir quelque bruit de grand par l'univers.
Ainçois i'employe ainsi, pour rendre descouvers
Voz merites á tous, mon compas & ma plume.

I'ay façonné ces traicts sur tant de beaux discours,
Dont vous endoctrinez les vostres tous les Iours,
Modelant leur bell' ame au patron de vous mesme.

Mais si i'eusse eu pouvoir de tracer au burin
Le pourtrait imité de vostre esprit divin,
Madame, i'eusse peinct, pour tout, ce seul Embleme.

PAVLI

PAVLI MELISSI FRANCI,
COMITIS PALATINI, EQVITIS
TORQVATI, ET CIVIS Ro-
mani, in Emblemata Iani Ia-
cobi Boissardi.

BOISSARDI *nitidissimas in ædes*
Sese transtulerant nouem sororum
Frater, Cecropidumég, Diua Pallas,
Visum vermiculata multiformi
Arte Emblemata, quæ teres rotundo
Composiueratis labore nuper;
Matronæ CLEREVANTIÆ *dicanda,*
Electa Charitum trium parenti.

Vt adfabilis, vt Poeta comis
Est; humaniter ac piè Deumég,
Et Deam hospitio accipit benigno.
Mirantur decus ac typos venustos:
His dies, aliiség, peruidendis,
Vna haud sufficit, Hesperoég, sero
Pernoctant Lare sub silente Vatis.
Cœna apponitur. Haud Iouis vocares
Nectare ambrosiaég, viliorem.
Suaui timpora balsamo rigantur.
Somnum nox vbi debitum poposcit,
Vnum ambos penetral capit; toroég,
Vno iungit Apollinem & Mineruam
Boissardus, iuuenes Deos maritans.

O quàm coniugium hoc sit auspicatum!
O quàm connubium audit hoc beatum!

Within the portrait frame:
ANNO AET LXV · IANVS IACOBVS
VESVNTINVS · BOISSARDVS

Petri Lepidi Metensis in Boissardi effigiem à Theodoro de Bry sculptam.

CDvs *Alexandrum si nobilitauit Apelles,*
  Dum pinxit docta Principis ora manu:
Iane, tuum illustrat Theodori industria vultum,
  Qui tanto heic pictus cernitur artifice.

PHILIP-

PHILIPPA LA-
ZÆA POLANA IL-
lyrica, in eandem
effigiem.

HEM! *quid aspicio? labella cuia hæc?*
Tincta Cecropio labella melle.
Cuius sunt oculi lepore pleni?
Hæc spirantia cuius ora? nonne
Picta est hæc facies mei sodalis
Boissardi? facilis Camœna cuius
Manum instruxit, Apollinisq́, doctam
Indulsit citharam. Hercle, Ianus iste est,
Natus Sequanica Vesuntione.
Viuis, Iane, igitur; tuosq̀, vultus
Expressos tabulis Theoderici
Totus nouerit orbis. At Pol illos
Tersis carminibus tua Thaleia
A morte interituq̀, vindicasti.

AD LE-

AD LECTOREM,
BOISSARDVS.

PRAVOS, candide Lector, dum libello hoc
Mores improbo, laudibusq́ sanctam
Virtutem eueho, tu meum institutum
Prosequére tuo fauore, opinor:
Et dabis veniam, seueriore
Si quæ iudicio notem: necesse est
Candenti resecare sæpe ferro
Membrum putre, medela quod nequibat
Sanare. Hoc puto nemini futurum est
Molestum. In genere omnia exaraui,
Parcens nominibus. Mouere bilem
Nulli sum solitus, volens sciensue.
At qui conscius heic suam fricari
Austera scabiem manu æstimabit,
In me frendeat; hoc licebit illi.
Mihi sat fuerit bonis placere.

EMBLE-

EMBLEMATVM IN-
DEX, ET ORDO.

B   *Paulo*

INDEX.

Francisco

INDEX.

INDEX.

Paulo

INDEX.

ERRATA

ERRATA SIC CORRIGITO.

*Pag.*3 *tit. Francisco.*13. *tit. tii.* 20. *versu* 6. *truditur.* 20. *stimulis.* 24,16. *in fel.*25. *tit. Gualterio.* 4. *etenim, dele comma.* 40,8. *iactitat?* 44,17. *pœnitentia.* 46,22 *Rutilio.* 47. *tit. Rutilio.*1. *decuit.* 51,1. *aut non.* 56,16. *credulitate.* 66,16. *quo bemè me.*71. *tit. Petro Fridero.* 72,12. *excors im.*76,19. *quærenda.* 88,4. *potentiorum.* 13. *maturuerint.*102,14. *preciosiorem.*103,1. *Fortuna.*3. *sollerte.*

Ο ΒΙΟΣ,

ΠΟΙΗΝ ΤΙC ΒΙΟΤΟΙΟ
ΤΑΜΟΙ ΤΡΙΒΟΝ; ΕΙΝ
ΑΓΟΡΗ ΜΕΝ ΝΕΙΚΕΑ
ΚΑΙ ΧΑΛΕΠΑΙ ΠΡΗΞΙ
ΕC·ΕΝ ΔΕ ΔΟΜΟΙC
ΦΡΟΝΤΙΔΕC·ΕΝ Δ᾽Α
ΓΡΟΙC ΚΑΜΑΤΩΝ ΑΛΙC
ΕΝ ΔΕ ΘΑΛΑCCΗ ΤΑΡ
ΒΟC·ΕΠΙΞΕΙΝΗC Δ᾽ΗΝ
ΜΕΝ ΕΧΗCΤΙ ΔΕΟC·
ΗΝ Δ᾽ΑΠΟΡΗC ΑΝΙΗ
ΡΟΝ·ΕΧΕΙC ΓΑΜΟΝ,
ΟΥΚ ΑΜΕΡΙΜΝΟC ΕC
CΕΑΙ·ΟΥ ΓΑΜΕΕΙC,ΖΗC
ΕΤ᾽ΕΡΗΜΟΤΕΡΟΝ·ΤΕΚ
ΝΑ ΠΟΝΟΙ ΠΗΡΩCΙC
ΑΠΑΙC ΒΙΟC·ΑΙ ΝΕΟ
ΤΗΤΕC ΑΦΡΟΝΕC·ΑΙ
ΠΟΛΙΑΙ Δ᾽ΕΜΠΑΛΙΝ
ΑΔΡΑΝΕΕC·ΗΝ ΑΡΑ
ΤΟΙΝ ΔΥΟΙΝ ΕΝΟC ΑΙΡΕ
CΙC,Η ΤΟ ΓΕΝΕCΘΑΙ
ΜΗΔΕΠΟΤ᾽Η ΤΟ ΘΑΝΕΙΝ
ΑΥΤΙΚΑ ΤΙΚΤΟΜΕΝΟΝ·

ΠΑΝΤΟΙΗΝ· ΒΙΟΤΟΙΟ·
ΤΑΜΟΙC ΤΡΙΒΟΝ·ΕΙΝ
ΑΓΟΡΗ ΜΕΝ ΚΥΔΕΑ ΚΑΙ
ΠΙΝΥΤΑΙ ΠΡΗΞΙΕC·ΕΝ
ΔΕ ΔΟΜΟΙC ΑΜΠΑΥΜ·
ΕΝ Δ᾽ΑΓΡΟΙC ΦΥCΙΟC
ΧΑΡΙC·ΕΝ ΔΕ ΘΑΛΑC
CΗ ΚΕΡΔΟC·ΕΠΙ ΞΕΙ-
ΝΗC,ΗΝ ΜΕΝ ΕΧΗC ΤΙ,
ΚΛΕΟC·ΗΝ Δ᾽ΑΠΟΡΗC,
ΜΟΝΟC ΟΙΔΑC·ΕΧΕΙC
ΓΑΜΟΝ,ΟΙΚΟC ΑΡΙCΤΟC
ΕCCΕΤΑΙ·ΟΥ ΓΑΜΕΕΙC,
ΖΗC ΕΤ᾽ΕΛΑΦΡΟΤΕ-
ΡΟΝ·ΤΕΚΝΑ ΠΟΘΟC·
ΑΦΡΟΝΤΙC ΑΠΑΙC ΒΙΟC·
ΑΙ ΝΕΟΤΗΤΕC ΡΩΜΑ
ΛΕΑΙ·ΠΟΛΙΑΙ Δ᾽ΕΜ
ΠΑΛΙΝ ΕΥCΕΒΕΕC·
ΟΥΚ ΑΡΑ ΤΩΝ
ΔΙCCΩΝ ΕΝΟC ΑΙΡΕ
CΙC·Η ΤΟ ΓΕΝΕC-
ΘΑΙ ΜΗΔΕΠΟΤ᾽Η ΤΟ ΘΑ
ΝΕΙΝ·ΠΑΝΤΑ ΓΑΡ
ΕCΘΛΑ ΒΙΟΥ·

ΩC ΤΕΘΝΗΞΟΜΕΝΟC ΤΩΝ CΩΝ ΑΓΑΘΩΝ ΑΠΟΛΑΥΕ·
ΩC ΔΕ ΒΙΩCΟΜΕΝΟC ΦΕΙΔΕΟ ΤΩΝ ΚΤΕΑΝΩΝ·
ΕCΤΙ Δ᾽ΑΝΗΡ CΟΦΟC·ΟΥΤΟC,ΟC ΑΜΦΩ ΤΑΥΤΑ ΝΟΗCΑC,
ΦΕΙΔΟΙ ΚΑΙ ΔΑΠΑΝΗ ΜΕΤΡΟΝ ΕΦΗΡΜΟCΑΤΟ·

C   EDVCA-

I.

EDUCATIO PRIMA BONA SIT.

DEus Optimus Maximus conditor & conservator mundi hujus, hominem creavit ad imaginem sui, ut ab eo cognosceretur & coleretur. At is per peccatum lapsus, à prima, in qua conditus erat, gratiâ excidit: illiusque ruina magna Dei misericordiâ per Jesum Christum generis humani servatorem restaurata est. Nascimur servi peccati, & per Baptismum, vera & viva fide Christum amplexantes, liberati assirimur. Necesse est igitur à primis cunabulis parvulorum ingenia formare, ut statim edoceantur, quales sint. Educatio est secunda natura. Quamvis inveniantur plurimi, qui parvo cum profectu instituantur à Præceptoribus alioquin idoneis, tam depravata est in nobis ratio. Adamas & gemmæ meliores poliuntur, pumex & tophus nulla arte vindicantur à sua ruditate & asperitate Prima tamen pueri institutio multum ponderis & momenti habet in se. Fieri enim non potest, ut non afficiatur voce docentis. Quòd sit profectus non respondet diligentiæ magistri, verisimile est, sine doctinâ illum duplo deteriorem futurum. Dum igitur pueritia institutionem potest admittere, nulli parcere labori debent parentes, nullis sumptibus, ut eorum liberi doctrina sapientum excolantur, & ad studium virtutis adducantur, imitati rusticorum industriam, qui arbores tenellas regunt & plicant, prout expedit. Quo semel est imbuta, recens servabit odorem testa diu.

Francisco

EMBLEMATA.

I.

Francifco à Vienna Baroni Clerevantii.

EDVCATIO PRIMA BONA SIT.

Utile virtuti eſt annos aſſueſcere primos,
  Et tenerum ſanctis moribus ingenium.
Frangitur incurvanda arbos: virgulta plicatur:
  Teſtáque, quo imbuta eſt, fragrat odore diu.

C 2   VIR-

VIRTUTIS TINCTURA PUDOR.

INgenia puerorum ad virtutem formanda, debent statim à principio modestiæ assuefieri, & deterreri ab omni labe vitiorum. Propterea Præceptores diligentes debent in eo incumbere, ut tenellam
istam ætatem ad pietatis studium, & cultum divinæ majestatis ad-
ducant singulis momentis inculcantes, Deo maximè placere, si pueri sese ab omni peccatorum sorde impollutos servent. Quos si malè
aliquid egisse, vel audivisse pudeat, decens ille rubor, qui juventu-
tis enascitur genis, virtutis est tinctura, & fucus peculiaris. Custos virtutum omnium dedecus fugiens, & laudem maximam consequens
verecundia est. Sine qua nihil rectum esse potest, nihil honestum.
Propterea illi ætati conceduntur plurima liberius, ita tamen ut cum
relaxare animos velint juvenes, & dare se jucunditati, caveant in-
temperantiam, meminerint verecundiæ. Ludendi enim est quidam
modus retinendus, ut ne nimis ab officio recedant, elatíque voluptate, in aliquam turpitudinem dilabantur : Exempla domestica
multùm proderunt : Compositi sint parentum mores ad omnem
modestiam, pietatem & virtutem : nihil est, quod magis moveat liberos, quam parentum vita. Quòd exemplo illorum fit, id jure fieri
putant. Exemplo quodcunque malo committitur: Plerunque enim
contingit, ut si malè morati sint adolescentes, id primæ
ætatis formatoribus meritò
imputetur.

Gedeoni

Gedeoni à Vienna Baroni Copetii.

VIRTVTIS TINCTVRA PVDOR

Virtutis tinctura pudor, probat indole recta
  Esse hominem, & castum denotat ingenium.
A vitiis teneram ætatem deterret, & in se
  Calcar habet, doceat, quod melior sequi.

C 3   VIRGI-

III.

VIRGINIS ORNATUS PUDICITIA
& simplicitas.

DOtem splendidam & locupletem filiæ præparant parentes,
quam bonis moribus, pietate & modestia cultam esse volunt.
Pudicitia & simplicitas prima pars est, & præcipua mundi muliebris.
Gemmæ, texta serica, aurum, argentum, & reliqua hujus generis ornamenta, lenocinia magis sunt voluptatum, quàm ornamenta virginum. Vestium luxus arguit animum parum sobrium, & intuen-
tium oculos ad libidinem sollicitat citiùs, quàm ad honestam opi-
nionem. Nullo cultu meliùs ornátur virgines, quàm simplici. Virtus
primum locum occupans in animis virginum, admittet securè cultus necessarios, rejiciet indignos, & superfluos. Splendidiorem tamen ornatum admittet unaquæque pro sua conditione & statu,
quo uti poterit, non abuti. Æquum enim est, ut Principum liberi, & Nobilium, quos Deus ad politiæ gubernacula legitimè vo-
cavit, à reliqua plebe differant cultu corporis : Facit ornatus plari-
mum ad reverentiam, quàm magistratui bono debent homines,
contemptus pannosum comitatur. Differant igitur optimates à reli-
quo vulgo splendore vestium, pro uniuscujusque conditione & statu. Modus est optimus, decus ipsum tenere, nec progredi longiùs.
Mediocritas in omnibus necessaria est, & ad omnem
usum cultumque vitæ
referenda.

Nicolea:

III.

Nicoleæ à Vienna.

VIRGINIS ORNATVS PVDICITIA ET SIMPLICITAS.

S At dotata venit, quæ casta est corpore virgo:
   Inq́; verecundo cui sedet ore pudor.
Cui nec picta auro vestu, nec murice tincta;
   Sed cultus simplex, & nitor arte carens.

NEC

IIII.

NEC NIHIL NEC QVIDLIBET.

INterrogatus aliquando Philofophus, quam Rempublicam exiſtimaret meliorem, reſpondit eam eſſe, in qua pietas & religionis cultus ſanctiſſimè obſervaretur: legesque ita eſſent conſtitutæ, ut ſeveritatem clementia moderaretur, & leniret: eamque eſſe, quam Ariſtocratiam vocant : in qua civitas regitur ſapientiorum & meliorum conſilio & imperio. Quam autem peſſimam diceret. Reſpondit tyrannidem : quæ unius ſolius, ac malè inſtituti plerunque hominis arbitrio ducitur, cujuſq; convenientia & malo exemplo corrumpuntur civium mores, & per omnem licentiam debacchati impunè quidlibet patrant. Hac ratione arguit moderatione omnia gerenda eſſe. Nam ut ſummum jus ſumma injuria eſt: ubi nimia Principis ſeveritas, ibi quoque parùm amoris in ſubditis. ubi amor, ibi fides. Ita etiam accidit, ut ubi nimia licentia permittitur, ibi quoque genus omne vitiorum pullulet & naſcatur. Quapropter ita legum veneranda majeſtas, & ſeveritas ſervanda eſt, ut ſingula peccata pro temporum, locorum & perſonarum circumſtantiis, admiſſorumque qualitate corrigantur: ſocietatisque humanæ vincula retineantur in integrum : neque delinquentium ratio veniæ deſperatione ſubvertatur; hypocriſi:que
vitiorum omnium mater
foveatur.

Loidi

IIII.

Loidi à Vienna.

NEC NIHIL NEC QVIDLIBET

ΑΡΙCΤΟΝ
ΕCΤΊ ΠΑΝΤ'
ΕΠΙCΤΑ ΘΑΙ
ΚΑΛΛ.
ΑΓΑΘΟΝ ΜΕ-
ΓΙCΤΟΝ Η
ΦΡΟΝΗCΙC
ΕCΤ' ΑΕΙ

4

Q*Væ nihil ignoscunt leges dic esse seueras;*
Et quæ permittunt quidlibet, esse malas.
Sic par est rerum justas moderentur habenas,
Ne quidvis populo sit, licitúmve nihil.

D   LIBER

V.

LIBERTAS VERA EST AFFECTIBUS
suis non servire.

NEmo est tam simplex aut rudis, qui servitutem non æstimet esse
magnum malum; quíque libertatem non præferat magnis vitæ
commoditatibus. Quòd ad servitutis nomen attinet, omnes in eo
consentiunt, ingenuo viro esse intolerabilem : sed servitutis genui-
nam significationem pauci considerant. Nam multi corpore servi
sunt, qui suis dominis liberiores judicari debent. qui propter bonorum affluentiam, supremamque in servos potestatem, tanta authoritate abusi, effrænes per omnem licentiam sese dant præcipites, pa-
tiunturque se trahi per omnium passionum & affectuum inordina-
torum genus, superbiæ, luxui, iræ, odiis, voluptatibus, & ejusmodi
monstris serviliter subjecti, ut suorum vitiorum mancipia verè dici
possint: Multi sunt, qui etiamsi bona sint anima, & bonis moribus
optimè eruditi, præstigiis aulicis ita se fascinari permittũt, & deliciis
mancipari, ut magnatum vanitati inserviant, & applaudant ita, ut ne
horulam suæ quieti liberam relinquant. Quicunque illam auream
mediocritatem diligens, prudenter suos affectus librat, & ad amus-
sim regit, & cor suum ab omni excessu repurgat, eratione studió-
que moderatur animi passiones, is vera libertate
frui dicendus est.

Mariæ

Mariæ à Vienna.
LIBERTAS VERA EST AFFECTIBVS NON SERVIRE.

NON CLIPEI
GLADIVSVE
MINAX
SED NOBILE
MENTIS
CONSILIVM

AFfectus quicunque suos sic vincit, ut illos
  Temperet, & studio vel ratione domet,
Jure potest liber dici, nullumq́, subire
  Servitium, & vera nobilitate frui.
                                      D 2   DOMAT

VI.

DOMAT OMNIA VIRTUS.

QVicquid videmus, æstimamus, & admiramur in hoc orbe terrarum, caducum est, & corruptioni subjectum. Imperia, regna, principatus, dignitates, divitiæ, vires, pulchritudo, & cætera ejusmodi tempore florent, & tempore effluunt & pereunt. Nihil est homini relictum perpetuum. Ita volunt providentia Divina, ut nos à terrenis abstractos, ad cœlestium contemplationem perduceret. Domat omnia virtus. Nihil tam solidum, nihil tam firmum, quod à virtute sejunctum non labet, & sua mo'e ruat. Sola virtus semper sui similis, & nulli injuriæ succumbit: æternitatis filia, gloriam pedissequam ducens, sicut umbram corpus. Ea sola nobilitat, ditat, fortificat, illustrat & ornat suum sectatorem: non ad horam, diem, vel annum, sed ad posteritatem illius honestam producens memoriam; famam dilatat, & gloriam stabilit perpetuam, imò donat immortalitate. Quæcunque autem extra virtutem acquiruntur, ea bullæ instar aquosæ tumescentia, momento temporis durant; & subitò evanescunt, inque nihilum rediguntur. Virtus enim est affectio animi constans, conveniensque, laudabiles efficiens eos, in quibus est: & ipsa est per se sua sponte, separata tamen utilitate, laudabilis: ex ea proficiscuntur honestæ voluntates, sententiæ, consilia, omnisque recta actio.

Claudio

Claudio Antonio à Vienna Baroni Clerevantis
Copetii, &c.

DOMAT OMNIA VIRTVS.

Nil juvat injustis quæsita potentia bellis
    Nil genus, aut cauta fraude paratus honos.
Tempore vanescunt subitò hæc: domat omnia virtus,
    Et pulchra mentis nobile consilium.

D 3   PRÆ-

VII.

PRÆMIUM VIRTUTIS HONOS.

VIrtutem necessariò gloria sequitur. Nihil est ea pulchrius, nihil amabilius; suscepit vita, consuetudóque commmunis, ut virtute excellentes viros in coelum fama ac voluntate tollamus: & quæ per virtutem magno animo & elato, fortiter & excellenter gesta sunt, ea nescio, quo modo quasi pleno orè laudamus. Quis est, qui non admiretur splendorem pulcritudinemǘque virtutis? Vera laus veræ virtuti debetur. Bonus vir propriè & copiosè laudari sine virtutum cognitione non potest. Et quorum vita perspecta est in rebus honestis & magnis, & bene de Republica meritos, observare & colere solemus. Digna est ipsa virtus gloriatione; tantumǘque præstat cæteris rebus, ut dici vix possit, quid intersit. Altissimum enim locum in homine, & maximè excellentem tenet: tantóque in dominatu locatur, ut omnia prima naturæ hujus tutelæ subjiciantur. In ea satis præsidii est ad bene vivendum, satis etiam ad beatè; satis ut fortiter vivamus, etiam ut magno animo, & quidem ut nulla re egeamus, semperǘque simus invicti. Sequitur, ut nihil poeniteat, nihil desit, nihil obstet. Ea nec eripi, nec surripi potest: naufragio neque incendio amittitur, neque temporum permutatione mutatur: nulla vi labefactari potest, nec loco dimoveri.

Catharinh

VII.

Catharinæ Heviæ, Claudii Ant. à Vienna conjugi.

PRÆMIVM VIRTVTIS HONOS.

L *Audatos quoties sapiens admittit honores,*
    Præmia virtuti debita jure petit.
Nutrit honos artes; & virtus crescit honore:
    Laudibus & dignum sit sine honore nihil.

FAMA

VIII.

FAMA VIRTUTIS STIMULUS.

BOna fama divitiis ingentibus longè eſt præſtantior. Non eſt res ulla tànti, aut commodum ullum ita expetendum, ut viri boni ſplendorem & famam amittas. Negligere quid de ſe quiſque ſentiat, non ſolùm arrogantis eſt, ſed etiam omnino diſſoluti : Eſt hominis ingenui, & liberal. ter educati, velle bene audire à parentibus, à propinquis, à bonis etiam viris; & futuræ poſt mortem famæ, etiam detracto uſu, conſulendum eſt : danda eſt diligenter opera, ut hominum aures optimo de nobis ſermone compleantur. Bona exiſtimatio pecuniis præſtat, antiquioi que ſit poſſeſſionibus gloria. Jactura rei facilè ſarciri poteſt, fama contaminata vix unquam diluitur. Eximiam virtutem honeſta fama ultrò comitatur: ac generoſis animis amor laudum velut ſtimulus ad præclara facinora innatus eſt Sequitur fama fugientem, & ob id ipſum avidius expetitur ab iis, qui virtutem colunt, quę non rapitur ut præda, ſed tanquam præmium virtuti debitum. Hanc quiſquis per contemptum negligit, aut rejicit, is quoq; ſegniter & cum faſtidio virtutem ſequi ſe arguit.

Non ſolùm enim honos alit artes, verùm
& virtutem.

Joanni

VIIL

Ioanni Comiti Ringravio.

FAMA VIRTVTIS STIMVLVS.

MOXΘEIN
ANAΓKH
ΤOΥC ΘE-
ΛΟΝΤΑC
ΥΤΥΧEIN

VIrtutem stimulis urgendo fama superstes
Excitat, atque alacres reddit ad arma manus.
Et qui omnem tetrico vultu fastidit honorem,
Is quoque virtutem segnius insequitur.

E VITA

VITA VIRTVTIS EXPERS. MOR-
te pejor.

NAtura dedit omnibus hominibus fine difcrimine vivendi beneficium, fed benè vivendi munus, fola virtus largitur. Vita non folùm bonis, verùm etiam malis communis eft. Quæ verè vita dici debet, foli virtutis fectatori à Deo Patre luminum conceditur. Vita virtutis expers vita non eft, imo ipfa morte pejor debet æftimari. Qui virtute præditi funt, ii immortalitatē affequuntur: Nulla nobilitas conftare poteft fine virtute: imo fine ea, vita non poteft dici vita. Qui nihil aliud habet, quàm majorum ftemmata & imagines, opinione nobilis eft veriùs, quàm re. At qui virtute præditus eft, unde manat omnis gloriæ fplendor, germanam ac nativam habet nobilitatem. Nobilitas fola eft atque vnica virtus. Cumque illius laus, omnis in actione confiftat; verbis non fpectabitur, fed re ipfa: Virtutis hoc eft proprium, æqualem ac parem verbis vitam agere; atque ita vivere, vt omnis oratio moribus cōfonet: Stultè præcipit aliis honeftam vitæ rationem, qui quæ aliis præcipit verbis, ab iis ipfa re, & operibus alienum fe probat. Vna enim actio virum bonum non indicat, Sed per totam vitam conftans, fuique femper fimilis virtus.

Ioanni

Ioanni Casimiro Comiti Ringravio.

VITA VIRTVTIS EXPERS MORTE PEIOR.

Vivere dat Natura homini, bene vivere virtus:
    Id commune malis, hoc solet esse bonis.
Expertem virtutis agunt mala plurima vitam:
    Languet, & assidua condita morte jacet.

E 2   OYT,

X.

ΟΥΤ’ ΑΡΕΤΗ ΑΤΕΡ ΟΛΒΟΥ ΕΠΙΣΤΑ:

ETiamsi virtutis splendor, suos non aliunde, quàm à seipsa radios acquirat, certum tamen est languere virtutem sub paupere tecto:virumque licet benè natum & institutũ, si paupertate prematur, facilè degenerare, & quasi paulatim prolabi in viam vitiorum:ad quam inducitur, & quasi humeris protenditur indigentia, quæ illum apud omnes reddit inglorium & ridiculũ, illius verbis autoritatem adimit & persuasionem; famam imminuit, & contemptum efficit. Quod seculi corrupti contingit injuria;in quo primum locum obtinent divitiæ. Hæ solæ virum bonum faciunt, etiamsi vitiis omnibus contaminatus sit. Dives quicunque est, statim pius, bonus, nobilis, illustris & gratiosus omnibus judicabitur. Opes hodie cœlos aperiunt, inferos claudunt, stultis autoritatem, prophanis honorem conciliant:expugnant urbes, leges corrumpunt, pudicitiam ac fidem prostituunt. Nemo bonus est nisi qui bonis abundat. Multa ingenia candida, integra, & crudita, sive literarum studiis; sive rei militaris peritia, possent quasi alis ad sidera deferri, sed eorum promptitudo compedibus paupertatis in pulvere coercetur; à quibus moveri, aut sese expedire non possunt, nisi stimulus indigentiæ pungantur.

Othoni

X.

Othoni Comiti Ringravio.

ΟΥΤ ΑΡΕΤΗ ΑΤΕΡ ΟΛΒΟΥ ΕΠΙϹΤΑ.

ΤΩΝ ΠΕΝΗΤΩΝ ΕΙ
ϹΙΝ ΟΙ ΛΟΓΟΙ ΚΕ-
ΝΟΙ· ΠΕΝΙΑ Δ᾽ΑΤΙ-
ΜΟΝ Κ᾽ΑΚΤΟΝ ΕΥ-
ΤΕΝ Η ΠΟΙΕΙ.

Haud facile emergunt qui paupertate premuntur:
    Quos retinet, tanquam compede, tetra fames.
Immodicis opibus virtus non gaudet: at illa
    Degeneri sordet subruta pauperie.

E 3   HISTO-

XI.

HISTORIA VIRTVS FIT SPLEN-
didior.

VT clipeus ex lucido politoque chalibe conflatus, si radiis exponatur solaribus, suum duplicat splendorem, quem longè latéque in circunjacétia loca diffundit: haud secus contingit viro virtutibus, ac rebus egregiè gestis illustri:cujus nomen per se satis clarum, si luci committatur historiæ, acquirit duplices radios, quos undique diffusos historica eloquentia transmittit ad posteritatem. Multum est hominem dotatum esse à Deo immortali pietate, justicia, magnanimitate, temperantia, prudentia, aliisque virtutibus quæ magnos reddunt viros, eosque Deo similes efficiunt. Qualitates tamen hæ multo redduntur commendatiores, dum sortiuntur historiographum, tantis dotibus describendis idoneum. Possunt enim fulgetris & tonitruis cœli comparari, quæ certis audiuntur videnturq; momentis, subitò tamē evanescunt, nullo in nubibus sui relicto indicio, quo probentur aliquando effulsisse. Bene consultum à Diis immortalibus fuisse Achilli dicebat Alexander Macedo, qui Homerum præconem suarū virtutum nactus esset. Difficilimum est partam retinere fortunam, ne mutetur. Nec minor est virtus quàm quærere, parta tueri.

Paulo

XI.

Paulo Meliſſo Com. Palat. Civi Roman.

HISTORIA VIRTVS FIT SPLENDIDIOR.

QVAE SCRIPTO
RVM MONIMEN
TIS MANDATA
SVNT, AETER
NA REDDVNTVR

E Gregiis fruſtra virtus ſe bellica geſtis
Inſtat, & ad laudes nititur ire ſuas.
Ni ſcriptis vulgata ejus ſit fama per orbem,
Et fiat radiis clarior hiſtoria.

E 4　　　　CONSO-

XII.

CONSOLATIO VIVIS, VITA
mortuis.

Qvantas laudes mereatur bonarum ſcientiarum cognitio, verbis exprimi non poteſt. Iuvenum enim ſtudia agunt, ſenectutē oblectant,ſecundas res ornant, ad verſis perfugium ac ſolatium præbent, delectant domi, non impediunt foris, pernoctant nobiſcum, peregrinantur, ruſticantur: Quos ſi ipſi neque attingere, neque ſenſu noſtro guſtare poſſumus, tamen eas mirari debemus cùm in aliis videamus. Nullus enim civis egregius fieri poteſt, qui non ſit in bonis diſciplinis eruditus. Multi cùm in poteſtate eſſent hoſtium ac tyrannornm, multi eùm in cuſtodia, multi in exilio,dolorem ſuum doctrinæ ſtudio levarunt.Quis in eo ſummè elaborandum non arbitretur, ut quo uno homines beſtiis præſtent, in hoc hominibus ipſis antecellat? Doctrina mores eſſe non ſinit feros. Mortalibus doctrina honori eſt omnibus. Vir literatus duplo acutiùs videt. Sapiens ſuas ubiq; circumfert opes. Precioſior enim ipſis opibus eſt ſapientia. Portus infelicitatis doctrina eſt mortalibus. Vita hominis ſine literis mors eſt, & hominis ſepultura: Opes & cætera vitæ hujus commoda,collatione facta cum doctrina, nihil ſunt. His literati quantum neceſſitas requirit vtuntur. Sed ſcientiarum theſauros accumulant. certiſſimum in rebus proſperis ornamentum , in adverſis præſidium:
Et ex quibus fama immortalis,vitaque à
funere propagari vide-
tur.

Petro

XII.

Petro Gualtero Chabbotio Pictavo.

CONSOLATIO VIVIS, VITA MORTVIS.

PRæter mille homini quæ portant commoda Musæ,
  Solamen vitæ, præsidiumque gerunt.
Et tollunt nigro servatam à funere famam,
  Docto etiam invita vivere, morte datur.

F   NEMO

XIII.

NEMO·FORTIS NISI ET IVSTVS.

FOrtitudo & magnanimitas virtutes sunt verè regiæ; neque cadere possunt, nisi in animam generosam. Majestas dignitasque regia non vestium splendore, sed prudentia ac fortitudine paranda est. Illi fortes non sunt, qui quovis modo vitam contemnunt, sed qui tanti faciunt virtutem, ut hujus gratia, vitam alioqui charam negligant. Fortium virorum est suis affectibus repugnare, justitiam colere, & fortunæ procellas impavido animo perferre. Animus fortis cupiditatum tumultus ratione cōpescit. Excelsi & fortis animi est ingratitudine non deterreri à studio benè merendi de omnibus. Magnanimum arguit hominem constans in adversis tolerantia: Fortis animi est mortem cōtemnere, quoties aut inevitabilis necessitas urget, aut causa gravis & honesta suadet. Egregium imperterriti fortisque pectoris est documentum, in causa honesta piaque, nec certam mortem perhorrescere. Magnum faciunt res adversæ, secundæ felicem. Crescit in adversis virtus. Animum vincere, iracundiam cohibere, victoriam temperare, adversarium non tantùm non conculcare jacentem, sed etiam adjuvare, fortis est viri, quem non solùm magnis comparo, sed deo simillimum judico.

Petro

XIII.

Petro Lepido Metensi.

NEMO FORTIS NISI ET IVSTVS:

Nemo poteſt dici fortis niſi juſtus: & idem
 Mutuet à ſancta robora juſticia.
Fortis enim juſti officio perſiſtit & inſtat:
 Servat uterque bonos, perdit uterque malos.

APETHΣ

XIIII.

ΑΡΕΤΗΣ ΣΚΙΑ ΦΘΟΝΟΣ.

VIrtutis comes invidia, plerunque bonos infectatur. Mos
enim est hominum, vt nullius laudem tolerent libenter,
neque eundem reliquis excellere: invidetur autê virtuti, præstanti, florentiq; fortunæ. At invidia virtute parta molesta esse
non debet forti viro: cujus virtus hoc modo excitatior redditur, & ad omne bonum opus magis idonea. invidia virtutem
sectatur, ut umbra corpus. Hujus vexatione, & punctione redditur vigil, perpetuò excubat in sui defensionem, cogiturque
illius stimulis rectæ viæ insistere, & per mille labores progredi
ad inaccessum illud gloriæ propugnaculum : quò cùm pervenit, securitati se dat perpetuæ: iis enim qui in vita sunt, si quid
laude dignum egerint, iis obstat invidia: post funera ut plurimùm minùs severè se in defunctos gerit. Compertû invidiam
est extremo fine domari. Virtus abunde sui est præmium, quicunque sequatur eventus. Laudibus humanis virtus non eget,
ducit enim secum laudem suam & decus. Qui rectè & honestè
curriculum vivendi à natura datum confecerit, hunc
virtus, invidia superata, immortalem
reddit.

Iacobq

XIIII.

Iacobo Santalbino Trecensi Medico.

ΑΡΕΤΗC CKIA ΦΘΟΝΟC.

ΤΗC ΑΡΕΤΗC
CKIA ΓΥΣΟΚΟ-
POC ΦΘΟΝΟC
ECTI ΒΡΟΤΟΙ
CI · ΗC ΚΑΙ-
ΑΝΕΥ ΜΗΔΕΝ
ΠΡΑΓΜΑ ΚΑ
ΛΟΝ, ΠΕΛΕΤΑΙ

Vmbram habet omne suam corpus: sequiturque, præitque:
Sic secum virtus attrahit invidiam.
Invidiam sine qua virtus torpescit: at illi
Ad laudem stimulos suggerit invidia.

F 3   OMNE

XV.

OMNE BONVM OPVS INVI-
diam fentit.

ARanea ex eodem flore fuum fugit venenum, ex quo apis fe-
dula dulce nectar conficit. Invidus araneæ naturam fecu-
tus, ab iifdem actionibus optimis, quibus vir bonus laudem
meretur, fuam conflat & texit calumniam ; ut plurimùm prætextu pietatis & charitatis innocentem opprimens : quod hodie fieri magno bonorum omnium dolore experimur. Nihil
enim eft tam fanctum, tam fincerum, quod invidiæ morfibus
non fit fubjectum; cùm mali fuis uacantes odiis & paffionibus,
fub larva virtutis injuriofi fint juftitiæ fectatoribus. Virtus verò, quæ placida eft & manfueta, fibi fuæ confcia integritatis fi-
niftrum Livoris judicium ridet, & procul à fe removet, invi-
dum magis dignum mifericordia judicans, quàm ira. Si opti-
morum confiliorum atque factorum teftis in omni vita nobis
confcientia fuerit, fine ullo metu fumma cum honeftate vive-
mus. Confcientia rectè voluntatis, maxima confolatio eft in
adverfis. Nec bono quicquam mali evenire poteft, nec vivo
nec mortuo; nec vnquam à Deo immortali ejus res ne-
gliguntur; neque invidiæ fraudibus in
tranfverfum detorquen-
tur.

Odoardo

XV.

Odoardo Bizeto Charlæo Trecensi.

OMNE BONVM OPVS INVIDIAM SENTIT.

T Oxica ab hoc carpit sublimis aranea flore,
  Dulcia quo parvæ mella parantur api.
Sìc quoque virtutem, scelerata calumnia, carpis:
  Et quod in hac damnes, improbe livor, habes.

F 4 ANTI-

XVI.

ANTIQVA NOVIS SEMPER PRÆ-
fert livor.

DVm vir meliore ingenio pręditus inter homines vivit, non est quòd suæ virtutis præmium expectet integrum. id rarò ante mortem cuiquam accidit, vt calumnias malorum suæ virtuti insidiantes non senserit. Virtutem præsentem odimus, absentem quærimus invidi. Mos est hominum, ut nolint eundem pluribus rébus excellere. Non enim invidetur, nisi præstanti florentique fortunæ. Invidentia nihil aliud est, quàm ægritudo ex alterius rebus secundis. Virtuti & gloriæ maximè invideri solet. Est hujus sæculi labes quædam & macula, Virtuti præsenti invidere, ac dignitatis illius florem infringere velle. Sed præter culpam & peccatum, homini accidere nihil potest, quod sit horribile aut pertimescendum. Si virtus dormiat, excitatur ab invidia: præstoque adest Princeps fortitudo, quæ bonū virum tanto animo esse coget, ut omnia quæ possint homini evenire contemnat, & pro nihilo putet. Naturale hoc est vitium, splendorem alienum non ferre patienter, semperque absentia præsentibus, antiqua novis præferre:
Et quò quis magis est stolidus, eò magis temera-
riè de ignotis ferre judicium
solet.

Ioanni

XVI.

Ioanni Posthio Archiatro Palatino,

ANTIQVA NOVIS SEMPER PRÆFERT LIVOR.

G Loria rara venit meritis dum vivimus. ipsa
   Tum primùm à summo funere fama venit.
Posthabet antiquis noua livor, & obstrepit ultro.
   In scirpo nodum quæret, & inveniet.

G   VIRTVS

XVII.

VIRTVS INVIDIA FIT EXCI-
tatior.

MAlum & deteſtabile eſt vitium invidiæ: quod tamen non ſine commodo & aliquo emolumento contingit. Nam præter id quod non minùs aliena felicitate diſcruciatur invidus, quàm ſuo infortunio; in cauſa eſt cur vir bonus circumſpectiùs ſeſe gerat in omnibus vitæ actionibus. Contingit ſæpius invido, vt ſua calumnia obrutus, infamis reddatur: Et qui fragili quærit illidere dentem, infringat ſolido. Imprudenter is in alterum torquet vitium, ſi in promptu eſt quod ipſi viciſſim objiciatur. Maledicentia ea contemnenda eſt, quæ non à judicio, ſed à lingua Maledica injurioſè proficiſcitur. Excellentium virorū eſt, negligere contumeliam, quæ à palam improbis & invidis venit: à quibus etiam laudari turpe eſt. Si lædatur vir bonus invidiæ dolis, æquo animo ferre debet: cùm habeat conſcientiam integram: Nihil eſt melius, quàm memoria rectè factorum, & libertate contentum, negligere humana. Ita vir prudens omnes totius vitæ componit actiones, ut de ſingulis rationem, ſi opus ſit, poſſit reddere: Et cenſuram malorum quamvis difficilem, ferat tamen æquo animo.

Abraha-

Abrahamo Ortelio Cofmographo.

VIRTVS INVIDIA FIT EXCITATIOR.

QVAE BILAN-
CELIBRANTVR
INVIDIAE,
GLORIAM AD
QVIRVNT.PER
FECTIOREM.

17

Excitat invidiam virtus:perſtringit at illa,
  Corrigit & quicquid fegniùs iſta facit.
Hujus cenſura virtus viget,excita ad omne
  Quod cura & ſtudiis aggrediatur opus.

G 2   VIRTVS

XVIII.

VIRTVS PRESSA VALENTIOR.

INter reliquas arbores, Palma victoriæ symbolo tribuitur: propterea quod pondus superpositũ aut dejiciat insurgens, aut frangatur: Cùm alioqui illius rami, longè ac latè sese extẽdant, gratum viatoribus præbentes umbraculum. Propterea virtuti dicata est, quæ generosè contrariis obstat & repugnat. Vir fortis & magnanimus natura mitis est, humanus & tractabilis, promptus ad opem ferendã afflictis: at in oppressores & violentos insurgit animosè, & quibus potest viribus illos prosequitur, urget, & atterit. Qui generoso est animo, & res magnas molitur, & suæ Reipublicæ necessarias, nullum scopum sibi proponit alium, nisi ut rem prudenti consilio susceptam maturè perficiat, omne periculum, quod illum ab officio deterrere potest, contemnens. Quod exemplo suo comprobarunt M. Attilius Regulus, & Themistocles. Ille dum à Cartaginensibus captus esset, missus est Romam cum legatis, qui de permutatione captivorum apud Senatum agerent. Sed cùm præcipuam juventutem hostium captivam Romę videret, utilitati publicæ suam vitam postponens, suasit cõtrarium. Themistocles quoq; ab ingratis civibus Athenis expulsus, ad Persas fugit; à quibus magnis copiis præfectus in Græcos missus est: sed ne quid impium moliretur in patriam, hausto tauri sanguine, mortem sibi conscivit.

Dionysio

Dionyſio Lebæo Bathillio Tricaſſino. I. C.

VIRTVS PRESSA VALENTIOR.

P Ondere preſſa gravi fit palma valentior: atque
Impoſitum duplici robore pulſat onus.
Et generoſa malis non cedunt pectora: ſed quas
Objiciant viris hoſtibus intus habent.

G 3 VIR

XIX.

VIR BONVS INVIDIÆ SECVRVS.

Qvamvis virtus, felixque rerum fuccessus, & profpera flo-
renfque fortuna, livoris injuriæ femper fit obnoxia: certum tamen eft homini bono & integro nihil accidere poffe,
quod illum ab officio divertat. Malevoli intactum nihil relinquunt, nihil intentatum, quò boni viri famam aut expungât,
aut illi faltem notam inurant: at boni viri famam aut expun-
gant, aut illi faltem notam inurant: at boni, cùm aliquid cle-
menter, manfuetè, iuftè, rectè, moderatè, fapienter factum le-
gunt, aut audiût, magno ftudio incendûtur, ut eos etiam quos
nunquam viderunt diligât. Quis eft qui non admiretur fplen-
dorem pulchritudinemque virtutis? Habet hoc præclara virtus, vt viros fortes fpecies ejus & pulchritudo in hofte pofita
delectet; ignavos verò torqueat & cruciet invidia. Omnia e-
nim quæ in hominem cadere poffunt, fubter fe habet virtus:
eaque defpiciens, cafus contemnit humanos: culpaque omni
carens, præter feipfam nihil cenfet ad fe pertinere. Illi non
multum poteft obeffe invidia, qui fibi firmius in virtute, quàm
in cafu præfidium collocavit. Nam omnes vivendi rationes
in virtute funt collocandæ: propterea quod fola virtus in
fua poteftate eft: Omnia præter eam, fub-
jecta funt fortunæ domi-
nationi.

Ioanni

XIX.

Ioanni Durantio. I.C.

VIR BONVS INVIDIÆ SECVRVS.

F *Ama per ingenuas quæsita laboribus artes*
  Lucida neglecta sidera tangit humo.
Quæ colis ima tene, comes invide livor honesti.
  Illæsa à telis evolat alta tuis.

G 4   LIVOR

XX.

***

LIVOR TABIFICVM MALIS VEnenum.

OMne peccatum vitioso homini aliquam speciem utilitatis
aut delectationis adferre videtur. Fur ex suis rapinis emo-
lumenta sua facere se credit, & suas facultates augere. Qui ini-
micitiis & iræ suæ indulget, in eum quē odit sæviens, suam ex-
plet inclementiam. Libidinosus, si suis amoribus potiatur, fe-
licissimum omnium hominum se asserit: multi inveniuntur
qui voluptatibus vitam posthabuere. Piger, cùm otio & luxu
diffluit, nonne se Deorum vitam æmulari jactitat. Et qui gulæ
deditus est, quis eum credat velle suam turpitudinem, effræ-
nesque ventris cupiditates cum omni Philosophiæ studio per-
mutare? Ita de omnibus vitiis judicari potest. Sola invidia sibi
ipsi supplicium est, gehenna, & carnificina: suo veneno mar-
cescit, cor suum rodit & conficit. Nihilque in suis cruciatibus
consolationis recipit, nisi brevem, ac cito euanescentem in a-
lieno infortunio lætitiam: quod exiguum est lucellum, si cō-
feratur cum eo dolore, quo ringitur & conficitur ex felici fortuna eorum quibus invidet. Invidia Siculi non invenere tyranni majus tormentum. Probè hoc à Diis immortalibus
comparatum est, ut invidus suo veneno contabe-
scat, sibique supplicium ad-
struat.

Domitio

XX.

Domitio Faino Veronenſi.

LIVOR TABIFICVM MALIS VENENVM

INVIDENTIA EST ÆGRITV DO EX ALTE RIVS REBVS SECVNDIS.

Omne malos vitium juvat, aut delectat: habetque
   Quas ad perniciem conferat illecebras.
Sola ſibi peſtem diris cruciatibus infert:
   Suppliciumque ſibi concitat invidia.

H   PRVDEN-

XXI.

PRVDENTER TEMPORE ET
loco.

PRudentia eſt rerum expetendarum ſcientia. In qua duo vitia plerunque inveniuntur. Vnum, cùm incognita pro cognitis habemus, iiſque temerè aſſentimur. Quod qui volet effugere, ad res conſiderandas, adhibere debet & tempus & diligentiam. Alterum vitium eſt cùm nimis magnum ſtudium, multamque operam, in res obſcuras & difficiles conferimus, eaſque non neceſſarias. Cùm autem hæc virtus maximè ſit accommodata ſocietati humanæ; prudentem virum non oportet eſſe moroſum, non difficilem, neque alienæ ſimplicitatis contemptorem. Sed ut proximo proſit, ſeſe quàm poteſt aptiſſimè, accommodabit; nunc ſeveritatem comitate leniet, nunc triſtitiam lætitia moderabitur: omneſque actiones tempori & loco congruas reddet. Eſt ubi loquendum severiùs, eſt ubi blandiùs, eſt ubi magnificentiùs, eſt ubi ſubmiſſiùs, eſt ubi jucundiùs, eſt ubi duriùs. id ſi fiat citra perfidiam, prudentia eſt; quæ tutiſſimus eſt murus: neque enim collabitur, neque proditur. Multa ſunt incommoda in vita, quæ ſapientes commodorum compenſatione leniunt. Stulti & imprudentes nec vitare venientia poſſunt, nec ferre præſentia.

Friderico

Friderico Sylburgio.

PRVDENTER TEMPORE ET LOCO.

Quod gerit hæc laruam, non eſt ut fallat: at illa
    Aptat perſonam caſibus atque locis.
Læta eſt & triſtis, quoties occaſio poſcit:
    Temporibus vultus commodat illa ſuos.

H 2   SAT

XXII.

SAT CITO SI SAT BENE.

NVllum animæ frænum potentius dare poſſumus, quàm prudētiam : quæ nullo alio modo efficatiùs regitur, quàm conſilio & ratione. Huic temeritas eſt contraria. Priuſquam rem aggrediaris, cōſulito; vbi conſulueris ; maturè facto opus eſt. In captandis conſiliis, feſtinatio, rationis inimica, mentis perſtringit oculos. At iſtud eſt ſapere, non quod ante pedes modò eſt videre, ſed etiā illa quæ futura ſunt proſpicere. Quod præcipiti via certum deſerit ordinem, lætos non habet exitus. Feſtinandum eſt, ſed lentè. Non poteſt in eo eſſe ſuccus diuturnus, quod nimis celeriter eſt maturitatem aſſecutum. Etſi utile eſt ſubitò ſæpe dicere & agere; tamē illud utilius, ſumpto ſpatio ad agitandum paratiùs atque accuratiùs dicere & agere. in rebus gerendis nūquam conſideratur quàm citò, ſed quàm benè. Non poteſt is verum à falſo diſcernere, qui inconſideratè, dum non opus eſt, rem aggreditur : tantoque periculoſior eſt celeritas imprudens, in rebus magnis , quòd earum exitus eſt periculoſior, ruina major, & potentia longiſſima. Vt quiſque maximè perſpicit quid in quaque re veriſſimum ſit; quiq; acutiſſimè & celerrimè poteſt videre & explicare rationem, is prudentiſſimus ritè haberi
poteſt.

Franciſco

Francisco Loysio Medico.

SAT CITO SI SAT BENE.

ΚΡΑΤΙΣΤΟΣ ΨΥ
ΧΗΣ ΧΑΛΙΝΟΣ
ΑΝΘΡΩΠΟΙΣ Η
ΦΡΟΝΗΣΙΣ.

Aggreditur quisquis peragendum opus, esse videndum
Noverit, ut benè rem, non cito ut expediat.
Discat is à tarda lentum testudine gressum;
Et simul à celeri papilione levem.

H 3   EVEN-

XXIII.

EVENTVS STVLTORVM MA-
gifter.

TEmeritas ftultitiam comitatur;citiusque inconfultum hominem præcipitat in periculum, quàm animadvertat. At
feræ funt hominum lamentationes,prorsufque vituperandæ,
quas occupatas in iis lugendis cernimus, quæ vitio fuo & in-
confiderantia contigerunt.Ita fit ut eventus fit ftultorum ma-
gifter, qui nunquam nifi icti fapiunt. Turpiffimum eft eum,
qui ad Rempublicam adminiftrandam vocatur,temeritatis &
imprudentiæ redargui. quæ vitia fine magno periculo ciuitatis in eum qui magiftratum gerit, non cadit: fitque fæpius ut
imprudens non folùm fuæ fatuitatis, & inanimadvertentiæ
pœnas gerat,fed totam civitatem in cõmune trahat excidium.
Neque fatis tutum eft priufquam initium rectè confiderave-
ris,de exitu confilium capere. Præterita reprehendi poffunt,
corrigi non poffunt.Scitum eft, periculum ex aliis facere, tibi
quod ex ufu fiet.Sapienter cogitant,qui temporibus fecundis
cafus adverfos formidant.Omnes,cùm fecundæ res funt, tum
maximè fecum meditari oportet quo pacto adverfam ærum-
nam ferant. Serò fapiunt, qui imprudentia fua in periculum lapfi, pœnitentia & dolore fefe cruciant.
Stulti enim eft dicere non
putabam.

Reutilio

XXIII.

Reutilio Saravesæ. I. C.

EVENTVS STVLTORVM MAGISTER

ΠΑΘΩΝ
ΔΕ ΤΕ ΝΗ-
ΠΙΟΣ ΕΓΝΩ.

Hæc docuit prima tentare in flore juventæ.
Cùm tibi tot palmas detulit alta Croton.
Quæ doceat serò, turpi discenda pudore,
Stultorum euentus multa magister habet.

H 4   STVDIO

XXIIII.

STVDIO ET VIGILANTIA.

SI fuperfluæ follicitudines vituperandæ funt , negligentia
quoque aliud extremum vitium non minorem meretur re-
prehenſioné. Vita enim hominis nihil aliud eſſe debet, quàm
aſſidua occupatio circa res pias, honeſtas, & neceſſarias, tam
publico ſtatui, quàm privato. Inter ea autem quibus ſeſe præclara ingenia debent occupare, Philoſophia, liberaliumque
artium ſcientiæ primum locum habere debent: quòd ex iis
comparetur animorum inſtructio, & eruditio, morum præcipua: quibus rebus nihil eſt quod meritò præferri poſſit. Nam
cùm Philoſophiæ partes variæ ſint; una de vita & moribus tra-
ctat: alia creatarum rerum naturam & ordinem docet: tertia
diſſerit rationibus quid verum & quid falſum ſit, quid rectum
aut pravum. Quæ ſingula in ſe habent ſatis quod ad benè formandum hominis animum faciat; & delectationem ſummam
pariat. Tota enim frugifera eſt, tota utilis , & voluptate plena.
Ea enim hominem primùm ad Dei cultũ, tum ad modcſtiam,
magnitudinemq́; animi erudit: eademq́; ab animo , tanquam
ab oculis, caliginé depellit: Talis eſt Philoſophia, cui qui pa-
reat, omne tempus ætatis poſſit ſine moleſtia degerc. At
in ea conquirenda, ſtudio & vigilantia
eſt opus: aſſiduo parta labore
venit.

Iacobo

Iacobo Paſchario Medico.

STVDIO ET VIGILANTIA.

O ϹΟΦΟϹ ΕΝ
ΑΥΤΩ ΠΕΡΙΦΕ-
ΡΕΙ ΤΗΝ
ΟΥϹΙΑΝ

Magnificas ſecum ſtudium & vigilantia laudes
Promovet, armigeræ præmia grata Deæ.
Quod criſtata notat torva ſuper ægide caſsis,
Noctuaque aggeſtos quæ premit ungue libros.

I   LABOR

XXV.

LABOR OMNIA VINCIT.

DEus nobis omnia vendit labore. Nihil est tã difficile, quod pertinaci labore non possit evinci. Exercitium potest omnia. Et quæ laboriosa sunt juventuti studia, hæc sunt jucunda senectuti otia. Si quid enim feceris cum labore, labor abit, honestum verò remanet. Sed si quid turpe cum voluptate, turpitudo manet, voluptas abit. Vigilando, agendo, & benè consulendo, prosperè omnia cedũt. Quapropter necesse est primam statim ætatem laboribus honestis assuefieri, eamq; ad fugiendum segniciem hortari, quæ mater est omnium vitiorum. hæc non solùm morborũ genera plurima secum trahit, sed etiam ignominiam, & paupertatem. in cujus rete ignavus dormiendo securè, nihilq; tale cogitans involvitur; unde se nunquam potis est extricare. Blando desidiæ veneno, virtus paulatim evicta senescit. Otium & luxus in juvenibus stultitia est, in senibus verò crimen. Otium omnia mala docet adolescentes. Otium pulvinar Sathanæ. Qui studet optatam cursu contingere metam, multa tulit, fecitq; puer sudavit. & alsit. Dum vires sunt integræ nulli labori parcendum, ut aliquando senes laborum messem colligamus. Spe otii sustentatur labor: & laboris condimentum est otium.

Ioanni

XXV.

Ioanni Lobbetio. I. C.

LABOR OMNIA VINCIT.

Nil tam difficile eſt, cui non labor imperet: ut non
  Aſsidua cogi ſedulitate queat.
Congerit incaſſum ſtultos ignavia queſtus:
Prætexat culpa quod piger omnis habet.

I 2   PACE

XXVI.

PACE VIGENT ARTES.

PAx donum Dei eſt, quod nobis cœlitus mittitur benigna
Dei clementia. Pace non ſolùm rerum omnium vbertas fœ-
cunda replet urbes, ſed ea vigente pietas colitur, legum majeſtas & reverentia ſtabilitur, exercetur Iuſticia, vitia, & malorum refrænatur licentia: ſcientiæ docentur, bonarum artium
ſtudia florent; commercia cum peregrinis ſervantur. Vrbes
ſtructurarum & ædium magnificentia exornãtur, & ingenio-
ſis poliuntur inventis; totaque vita humana, & ſocietas inter
homines commodis & jucunditate repletur. Neque ſine cauſa Iovis filia vocata eſt. cùm nihil à Deo immortali ad conſer-
vationem generis humani nobis conferatur magis dulce, magis neceſſarium, pace, & tranquillitate publica: Nihil enim eſt
aliud pax, quàm tranquilla libertas: cujus nomen reipſa tum
jucundum eſt, tum ſalutare: Ea ſublata, leges & judicia ſervari
non poſſunt integra, bonæ artes exerceri, juvētus inſtrui. Denique ea vitiata aut everſa, omnes ſocietatis humane nervi de-
bilitantur, aut prorſus infringuntur. Nulla ſalus bello: pacem
te poſcimus omnes. Nulla fides pietasque viris qui bella
ſequuntur. Bellis boni corrumpuntur mores,
efferantur animi, & omnis diſci-
plina vitiatur.

Ioanni

XXVI.

Ioanni Posthio Archiatro Pal.

PACE VIGENT ARTES.

ΛΙΜΗΝ ΑΤΥΧΙΑΣ
ΕΣΤΙΝ ΑΝΘΡΩΠΟΙΣ
ΤΕΧΝΗ. ΒΑΚΤΗΡΙΑ
ΑΡΕΣΤΙ ΠΑΙΔΕΙΑ
ΒΙΟΥ.

Ο ΓΡΑΜΜΑΤΩΝ ΑΠΕΙΡΟΣ
ΟΥ ΒΛΕΠΕΙ ΒΛΕΠΩΝ.

26

P*Ace vigent artes: aras pax thure vaporat.*
  Pax cererem & Bacchum promovet atque fovet.
Filia pax Iovis eſt: & Divum munera nobis
  Diſpenſat: placida pace beatus homo eſt.

I 3   INVI-

XXVII.

INVITVM QVI SERVAT IDEM FA-
cit occidenti.

GLadio ignem ne fodito, inquit Pythagoras: flamma enim gladio involuta gliscens, uno momento tenentis invadit manum. Hoc praecepto annuit ira percitum non esse severiùs reprehendendum. Ira furor brevis est. qua qui correpti sunt, judicium ac mentem amittunt. Et ut plurimùm qui hoc furore percelluntur, ab eo vel sine profectu, vel cum periculo revocantur à benè monentibus. Vbi deest mens, disciplina nihil juvat. Mala perpetrare cogit ira plurima. Et haud tuta in ira consilia capi queunt. Prudentis est aliquando reprehensione uti. hoc docet charitas, hoc jubet amicitia, & humaniores affectus, qui proximi conservationem procurant. In omni tamen reprehensione sexus, aetas, tempus, & conditio illius quem moneas consideranda sunt. Sic juniorem tanquam filium; Seniorem tanquam patrem; aequalem ut amicum; potentiorem verò majori judicio alloquere: amaritudinem reprehensionis multa praefatione & reverentia leniendo, ut benignioribus & attentioribus audiat, quae dices, auribus. omnia ad aedificationem proximi sunt referenda. charitas nobis scopus sit. Pervicacem verò & moribus perditum quòd cures nihil est. Asino scabioso, & foedato sordibus, si laves caput,
          operam cum li xivio per-
                    des.

                              Lentulo

Lentulo Ventidio Nucerino. I. C.

INVITVM QVI SERVAT IDEM FACIT OCCIDENTI.

IGnem ne gladio fodito: furor haud habet aures:
Servare invitum maxima stultitia est.
Sic refragantem è scopulo deturdit asellum
Rusticus: ingratum nil benefacta juvant.

XXVIII.

VIR MALVS ALIENO DAMNO
fuam rem facit.

NE cum viro unquam carpito viam improbo. Nec te mali viri focietas delectet. Mala mens, malus animus. Dolofum & malæ mentis virum nemo fine noxa aut ignominia evadit. Multi fimulatione virtutis efficatiùs lædunt, quàm fi improbi agnofcerentur ab omnibus. Ab his cavetur fedulò, ab illis fine probro & periculo difficile eft fefe extricare. Simplicitate fucata nihil eft peftilentius. Vt hamo inefcato pifces, vifcatis virgultis aviculæ, fic imprudentes dolofi hominis impoftura capiuntur. Nulla vitæ pernicies major inveniri poteft, quàm cùm in malitia ineft fimulatio. Propterea vir prudēs exactum femper adferet judicium, dum fe in alienam focietatem cupit inferere. difcernat prudenter dignos ab indignis. Modium falis cum amico comedes, antequam illi tua arcana committas. Nimia credulitas, locum dat impofturæ. Ne nimium fide, inquit Italus, fi decipi nolis. Occafio furem facit. Qui malus eft, ftatim abutetur viri boni candore & credelitate ; & ex illius damno non verebitur fuam rem facere. Fronti nulla fides in plurimis. Nullæ funt periculofiores infidiæ, quàm quæ latent, fub fimulatione officii. Ita fe quifque in omni vita gerat, ut prudenter fimplex, & fimpliciter prudens fit & habeatur.

Ioanni

XXVIII.

Ioanni Lasicio Polono, I.C.

VIR MALVS ALIENO DAMNO SVAM REM FACIT.

28

S Tertentis catuli tacito pede captat ab igne.
　Quas videt affari fimia caftaneas.
Ingenio eft fimili quifquu fibi confulit, atque
　Ex damno alterius propria lucra facit.

K　　　　　MALVM

XXIX.

MALVM CONSILIVM CONSVLTO-
ri peſſimum.

COnſiderati Principis eſt, conſultoribus uti quàm optimis,
quoties ad res gerendas ſeſe accingit. Conſilium bonum
nervus eſt potentiæ Regiæ. Viſque conſilii expers mole ruit
ſua. Neque aſſentiendum eſt iis, qui exiſtimant res vrbanas
minores eſſe bellicis. Quæ in militia Duces aggrediuntur,
niſi conſilio gerantur, ut plurimùm infelices habent exitus:
quare expetenda eſt magis decernēdi ratio, quàm decertandi
promptitudo. Non enim viribus, velocitate aut celeritate res
magnæ geruntur, ſed conſilio, autoritate, & ſententia ſenio-
rum, qui rerum uſu experientiaque valent. Principes ex optimis conſiliarios ſibi deligant; qui propriis affectibus, cupidi-
tatibus aut lucro ferri ſe nō patiuntur: ſed qui bono reipublicæ intenti ſunt, qui utile ab honeſto non ſe parant: quibus pietas in Deum, patriam, & proximum cordi eſt. Ex temerariis
conſiliis ſæpiſſime labefactatæ ſunt excellentes Reſpublicæ; &
regum auctoritas in diſcrimen adducta. Contingit & aliquando ut malum conſilium fuerit conſultori peſſimū. Quod eve-
niſſe olim Perillo, qui ſævitiam Phalaridis conflato bove aheneo incendit. in quo crematus eſt inventor, & Tyrannus paulo poſt. Idem accidit & Thraſio; qui Buſiridi ſuadens, ad eli-
ciendas è cœlo pluvias, Iovi ſanguine humano faciendum ſa-
crum. Is aquam primus Ægypto dedit. & ad eaſdem aras Buſi-
ris, cum Amphidamante poſtea ab Hercule jugulatus eſt.

Lalio

Lælio Cleopaſſo Hydruntino.

MALVM CONSILIVM CONSVLTORI PESSIMVM.

COnſultor perſæpe malus, dum ſuadet iniqua,
  Conſilio patitur parta pericla ſuo.
Quod docuit quondam tauri fabricator aheni:
Et iugulo Pharius qui dedit hoſpes aquam.

K 2 LÆSA

XXX.

LÆSA PATIENTIA FIT FVROR.

NEmo tam abjecti animi vir est, nemo tam vilis conditionis homo, qui irritatus aliena injuria, non cupiat violentiam à se repellere. Pulchra virtus est patientia: sed eam Italus Asininam vocat. Veterem ferendo injuriam invitas novam. Pusillanimitas maloru̅ proterviam excitat ad malè agendum. Contumeliosi è ciuitate extrudendi. Qui alteri parat exitium, eum scire oportet sibi paratam pestem, ut participet parem. Suæ quisque utilitati servire potest, dummodo sine alterius injuria fiat. Qui bonus est vir, is potiùs suum fert incommodum, quàm damno alieno suam rem faciat. Rei familiaris amplificatio nemini nocens, non est vituperanda; sed fugienda semper est injuria. Detrahere aliquid alteri, & hominem hominis incommodo suum augere commodum, magis est contra naturā, quàm mors, quàm paupertas, quàm dolor, quamq̃; cætera quæ corpori vel rebus externis eveniunt. Vitent potentiores violentiam neque sui commodi causa noceant alteri: sed se legibus æqui ac recti contineri sciant; quæ hoc spectant, hoc volunt incolumem esse civium conjunctionem. Qui volunt in inferiores imperium gerere, bonos imitentur pastores; qui tondent pecus non excoriant. Præficiuntur autoritate divina Principes populo, ut eorum potentia boni defendantur, puniantur mali. Qui secus facit, indignus est imperio.

Veturio

XXX.

Veturio Leontio Hydruntino.

LÆSA PATIENTIA FIT FVROR.

V EI Iovis ante oculos aquilam scarabeus inultam
  Non sinit: ira ullum nescit habere modum.
Mentem offensa agitat sanam: patientia læsa
  Fit furor: & rabidas vertit ad arma manus.

K 3   DVLCE

XXXI.

DVLCE VITÆ CONDIMENTVM
Amicitia.

AMicitiam rebus omnibus humanis anteponamus. Nihil
enim eſt tam naturæ aptum, tam conveniens ad res vel ſe-
cundas vel adverſas. In amicitia enim omnia inſunt, quæ putant homines expetenda, honeſtas gloria, tranquillitas animi,
atque jucunditas: ut cùm hæc adſint, vita beata ſit, & ſine iis eſſe non poſſit. Amicitiæ firmiſſimum eſt præſidium. Non aqua,
non igni, non aëre pluribus locis vtimur, quàm amicitia. Solem è mundo tollere videntur, qui amicitiam è vita tollunt.
Tantum boni eſt in amicitia, ut ad eam rem perficiendā, deorum atque hominum munera videantur cōcurrere. Conjun-
ctio animorum maxima eſt cognatio. Idem velle, atque idem
nolle, ea firma eſt amicitia. Amicus eſt deſiderabile nomen,
infelicitatis refugium, ſecretorum receptor, amanda felicitas.
Optimam vitæ ſupellectilem ſibi comparavit, qui amicos pa-
ravit. Sine amicorum benevolentia, neque in adverſa, neque
in ſecunda fortuna quiſquam vivere poteſt. Ac propterea co-
lendam amicitiam ſapientes affirmant, quòd ſine ea tutò, & ſine metu vivi non poſſit, ne jucundè quidem. Nullo enim modo ſine amicitia firmam & perpetuam jucunditatem vitæ tenere poſſumus. Vita ſine amicitia cæca eſt, inſidiarum & metus plena. Amicus quaſi animæ æquus, ab animorum æ-
qualitate dictus eſt. Eſt enim amicitia una
animain duobus corpori-
bus.

Iacobo

Iacobo Paſchario Medico.

DVLCE VITÆ CONDIMENTVM AMICITIA.

CONSTANTER.

AMICITIA COLEN
DA EST. QVOD SI
NE EA TVTO ET
SINE METV VIVI
NON POSSIT. NE
IVCVNDE
QVIDEM.

31

Cincta eſt virtutis ceſtu: candoris amictu:
Muneribus dives, religione potens.
Cor patet, & firma eſt, & ſceptro nixa benigno
Simpliciter prudens regnat Amicitia.

AMICO-

XXXII.

AMICORVM OMNIA COMMVNIA.

CVi sunt amici, esse sibi thesauros putet. Veros amicos du-
cito fratrum loco. Honora amicos, tanquam honorares
deos. Nummis potior amicus in periculis. Et cùm amicorum
communia esse debeant omnia, sibi laborant ipsi, amico qui
suo. Vt ignis aurum, tempus ita amicum probat. Amicit am
tueri non possumus, nisi amicos æquè ac nosmet ipsos diligamus.
Quibus cùm nostra omnia dicata sint, si quæ honesta nõ
sunt postulantur, religio & fides amicitiæ anteponenda erit.
Neque amici vocandi sunt, qui amicitiæ scopum in utilitate
constituunt. Meipsum ames oportet, non mea, si verè amici
futuri sumus. Barbari sunt & inhumani, qui nihil æstimant,
nisi quod sit fructuosum, neque sibi exemplo sunt. Ipse enim
se quisque diligit, non ut aliquam à seipso mercedem exigat
charitatis suæ, sed quod per se sibi quisque charus est. Qrod
nisi idem in amicitia transferatur, verus amicus nunquam reperietur. Vna ista sit cautio in amicitia, ut ne nimis citò dili-
gere incipiamus, neve non dignos. Digni autem sunt amicitia
quibus in ipsis inest causa cur diligantur: ut virtus, pietas, eruditio, comitas, & cetera ejusmodi bona animi. Amandum est,
sed usque ad aras. Inter bonos tantùm constat amicitia. Quæ
inter malos concordia contrahitur, & associatio licèt firma ad tempus, conspiratio non amicitia
vocanda est.

Ludovico

XXXII.

Ludovico Malarmæo Vesuntino. I. C.

AMICORVM OMNIA COMMVNIA.

AMICITIAM TV
ERI NON POS
SVMVS NISI
AEQVE AMICOS
AC NOSMETIPSOS
DILIGAMVS.

32

C Oelo animam, patriæ vitam debemus: amicis
Omnia: sed certa conditione tamen.
Sancta deus pietas sacrari poscit, & aris:
Cætera non læso numine, amicus habet.

L   INGRA-

XXXIII.

INGRATITVDINE LANGVET
amicitia.

SI amare nihil aliud eſt, niſi perpetuò conſentiens voluntas & deſiderium procurandi quę neceſſaria ſunt, aut utilia noſtris amicis, nullo nobis emolumento propoſito, quod ad nos redeat, eos qui ſordida ingratitudine ſua commoda tantùm quærunt in amicitia, captantes quavis occaſione, tempore, & loco ſua lucra, neque reciprocam in commune conferunt voluntatem & ſtudium, dicemus falſò vſurpare tam ſanctum & laudabile nomen amicitiæ. Nihil eſt tam inhumanum, tam immane, tam tetrum, quàm committere ut beneficio non dicam indignus, ſed victus eſſe videare. Neque ſolùm gratus debet eſſe, qui accepit beneficium, verum etiam is cur poteſtas accipiendi fuit. Eodem animo debetur beneficium, quo datur. Improbus eſt homo, qui beneficium ſcit ſumere, & reddere neſcit. Nihil enim magis alienum ab humanitate, & ea morum comitate, quæ inter bonos eſſe debet, quàm benefactis alienis rem ſuam cumulare, nec quicquam cuiquam reddere, ſi reddendi facultas adſit. At cui gratia referri non poteſt quanta debetur, habenda tamen eſt, quantam maximam animi noſtri capere poſſunt. Cùm amici, de quò meritus eſſe videris, facultates ita tenues ſunt & exiguæ, ut par pari referre non poſſit, voluntatem ſinceram pro facto accipere viri boni eſt.

Stephano

XXXIII.

Stephano Saugeto Vefuntino.

INGRATITVDINE LANGVET AMICITIA.

O Fficium ingratus nullo qui fœnore penfat,
   Orchomeni faciles non habet ille Deas.
Sed cribro fimilis: per aperta foramina cujus
   Integra fi fundas flumina, tota fluent.

L 2   ΧΑΡΙΣ

XXXIIII.

ΧΑΡΙΣ. ΑΧΑΡΙΣ.

SEro beneficium dedit, qui roganti dedit. Carè emit beneficium, qui precibus extorsit. Qui citò dat, bis dat. Gratia celer dulcissima: quæ verò tarda est, ingrata est gratia. Si quod
bonis confertur beneficium non perit, quæ benè collocata est
gratia, preciosus est thesaurus. Nihil sordidius, nihil vilius ab-
jectiusve, aut viro bono magis indignum, quàm semper accipere, & nullam reddere gratiam ; imo si facultates ferant, duplum rependere. Hujus sententiæ memor esse debet homo ingenuus. Accepta memineris, data oblivisсere. In conferenda
gratia non considerabimus, quod à plerisque fieri solet, ut ei
benè faciamus, à quo duplum nobis reddi speramus. Hoc boni viri officium est, ut quisque opis nostræ maximè indigeat,
ita ei potissimùm opitulemur. Multi liberales in promissis, te-
naces in collatione beneficii. Plurimi beneficii collati memoriam exprobratione, odiosave commemoratione labefactant.
quo nihil ingratius inveniri potest. Ingratus est, qui accepisse
beneficium se negat quod accepit: ingratus est qui dissimulat,
ingratus qui non reddit: omnium ingratissimus qui oblitus
est: odiosus qui exprobrat, aut qui assidua commemoratione
benefacti gratiam debitam imminuit. Similis est capellæ vi-
tiosæ, quæ cùm hero quotidiè mulctram lacte plenam dederit, nisi caveatur, eam pede impulsam subvertit, aut exo-
nerata alvo stercore lac fœdatum
corrumpit.

Francisco

XXXIIII.

Francisco Sarræo Nanceiano. I. C.

XAPIC · AXAPIC ·

ΚΑΛΟΝ ΘΗϹΑΥΡΙ
ϹΜΑ ΚΕΙΜΕΝΗ
ΧΑΡΙϹ.
ΧΑΡΙΝ ΛΑΒΩΝ,
ΜΕΜΝΗϹΟ· ΚΑΙ
ΔΟΥϹ, ΕΠΙΛΑΘΟΥ

Qvi cito dat, bis dat, cantant proverbia: sicut
Ἀχάρις ἀβρεύδωπους ἀχαρις ἔϠχάρις.
Munera quæ tardo veniunt pede munera non sunt.
Nam, quæ hæc commendet, Gratia nulla subest.
L 3   PRÆTEX-

XXXV.

PRÆTEXTV NOCENTIOR.

TOtius iusticiæ nulla est capitalior pestis, quàm eorum, qui cùm, dum maximè fallunt, id agunt, vt viri boni videantur. Hypocrisis teterrimum est vitium; qua societatis humanæ, omnisque amicitiæ vis corrumpitur & concidit. Cumque in omni genere hominum reprehendenda sit, in iis abominanda meritò debet esse, qui suas iras, inimicitias, ambitionemq́; prætextu pietatis & religionis tegunt & satiant: animæ malæ & incendiariæ, seditionum & discordiarum fomites tecta fraude ferentes. Iusticiæ pars præcipua est non violare homines. Nihil à iusticiæ officio magis est alienū, quàm inferre injuriam. Nihil tetrius aut inhumanius, quàm nocere charitatis simulatione. Inimicum apertum fugimus & cavemus illius violentiam. In hypocritæ calumnias & injuriam citiùs impingimus & labimur, quàm animadverterimus: Si potissimùm authoritate & potentia, vel sanctimoniæ inter bonos excellant opinione. Eorum violentiam difficiliùs evitare possunt oppressi, quò plures habeant suæ improbitatis fautores, etiam inter bonos, quibus larva integritatis imponunt. Nihil tam inhumanum, tam deforme, tam illiberale videtur, quàm ad summum imperium summam acerbitatem naturę adiungere, & illi belluinæ crudelitati larvam pietatis inducere.

Petro

XXXV.

Pefro Friderico Mindano. I. C.

PRÆTEXTV NOCENTIOR.

Nvlla eft juftitia peftis capitaliori'lis
Larvata apparent qui pietate *hor*.
Quo plura intulerint incautis damna *noc* *n*es,
Inde illi laudis plus meruiffe volunt.

L 4 AMOR

XXXVI.

AMOR TECTVS ARDENTIOR.

DIfficilimum eft juventutem intra limites fui officii continere, ac ftolidæ illius ætatis refrenare paffiones & affectus,
qui eo magis æftuant, quò magis teguntur. Nulli hominum,
aut faltem paucis, natura datum eft, vt eodem tempore multo
amore inflammetur, & prudens fit. Amore judicium perver-
titur, mens in diverfum diftracta, non poteft imaginari quæ
recta funt & neceffaria. Fluctuat omnis amans. Vis magna
mentis, blandus atque animi dolor amor eft. Quæ res nec modum habet, nec confilium; ratione modoq; tractari non vult.
Amorem fectari folent cura, ægritudo, dolor. Amori accedunt hæc vitia, infomnia, ærumna, error, & terror, & fuga, in-
eptia, ftultitiaque adeo, & temeritas, incogitantia, excors, im-
modeftia, petulantia, cupiditas, & malevolentia. Inhæret etiam aviditas, defidia, injuria, inopia, contumelia, & difpen-
dium. Improbe amor, quid non mortalia pectora cogis? Cru-
delis amor, cujus parva flamma primo vapore delectat; at fo-
mento confuetudinis exæftuans immodici ardoris totum hominem perurit. Amantes amentibus haud abfimiles; qui fcip-
fos nefciunt, & quid agant ignorant. Libertas quoniam nulli
jam reftat amanti; Nullus liber erit quifquis amare volet. At
quifquis in primo obftitit pepulitq; amorem, tutus & victor fuit. Qui blandimento dulce nutriuit
malum, ferò recufat ferre, quod
fubiit jugum.

Pomponio

XXXVI.

Pomponio Ricio Neapolitano.

AMOR TECTVS ARDENTIOR.

36

Difficile est rapidam frenis cohibere juventam:
    Sæpe est auriga noxia, sæpe rotis.
Conduplicat vires tectus vehementius ignis.
    Quoq̃ magis tegitur, tum magis ardet amor.

M VOLV-

XXXVII.

VOLVPTATIS VSVRÆ MORBI.

NIhil feruilius abjectiufque eft, quàm voluptatibus obno-
xium videri.Infaniam aufert medicus;voluptas cùm æquè
mentem eripiat homini,vix fanabile malum eft. Nulla capitalior peftis hominibus à natura data eft, quàm voluptas. Nam
ex hoc fonte prodit quicquid eft in hominum vita fcelerum &
calamitatum. Voluptati inhonefta parata eft comes pœnitentia. Quàm optimè hoc natura comparatum eft,vt hæ duæ res
fefe inuicem comitentur, voluptas & dolor. Luxu nihil turpius : Libido pecudem ex homine reddit. Fluit voluptas, &
prima quæque evolat;fæpiusque relinquit caufas pœnitendi,
quàm recordandi. Plerique propter voluptatem,& parvam &
non neceffariam, tum in morbos graves, tum in damna, tum
in dedecora incurrunt: fæpe etiam legum, judiciorumq; pœ-
nis obligantur. Quò major eft voluptas, eò magis mentem à
fua fede & ftatu dimovet. Quapropter qui voluptatibus du-
cuntur, & fe vitiorũ illecebris , & cupiditatum lenociniis de-
diderunt, ad Reipublicæ gubernacula non funt admittendi.
Fieri enim non poteft, ut animus libidini & cupiditati deditus,prudentia valere,confilio prodeffe,& difcernere verum à falfo poffit;nedum aliis confulere, cùm
fibi ipfi fit inutilis.

Livio

Livio Algerio Nolano.

VOLVPTATIS VSVRÆ MORBI.

37

Sperne voluptatem: multorum est esca malorum.
  Sollicitus mœror cui solet ire comes.
Illius usuræ morbi, dolor, angor, egestas;
  Et pudor, & nudo corpore pauperies.

DELE-

XXXVIIII.

DELECTAT ET ANGIT.

NVlla capitalior peſtis, quàm corporis voluptas, hominibus à natura data eſt. Imitatrix enim boni eſt, malorum
mater omnium: cujus blanditiis corrumpuntur quæ natura
bona ſunt. Eſca malorum eſt voluptas, qua homines capiuntur ut hamo piſces. Venientes voluptates fucata ſpecie blan-
diuntur, abeuntes autem pœnitentiā ac dolorem relinquunt.
Ex earum affectibus ferè omnis humanæ vitæ pernicies naſci-
tur; cui à natura parata eſt comes triſtis pœnitentia, ac dolor.
Voluptates blandiſſimæ dominæ, ſæpe majores partes animæ
à virtute detorquent. Virtutes maximas jacêre oportet, voluptate dominante. Huic qui deditus eſt, illi omnia ſenſu non
ratione judicanda ſunt; eaque dicenda optima quæ ſunt ſua-
viſſima. Nemo eſt dignus nomine hominis, qui unum diem
totum velit eſſe in voluptate. Omnis noſtra cura debet in hoc
verſari ſemper ſi poſſumus, ut voluptatis fomenta, & dulces
illecebras à nobis ſubmoveamus: Nobiſque perſuaſum eſſe
debet, ſi Deum, hominumque ſocietatem, ad quam nati ſu-
mus, velimus colere, ut nihil iniuſtè, nihil libidinosè, nihil in-
continenter faciamus. Honeſta bonis, non occulta querenda
ſunt. Ea ſuauita: quæ ex voluptate emanat, ſtatim in a-
maritudinem convertitur, delectatio in
dolorem.

Baſilio

XXXVIII.

Bafilio Charondæ Albano.

(DELECTAT ET ANGIT.

VOLVPTATES VE-
NIENTES, FVCATA
SPECIE BLANDI
VNTVR: ABEVN-
TES AVTEM, POE-
NITENTIAM AC
DOLOREM HOMI
NIBVS RELINQVVN

Spicula fentit apum, dum dulcia mella requirit
Condita in Hyblæis ftulta puella favis.
Sic quoque delectat damnofa angitq́, voluptas;
Inque fuis celat fpicula mille favis.

M 3 VBI

XXXIX.

VBI VOLVPTAS IMPERAT ILLINC
extruditur virtus.

IMpedit confilium voluptas, rationi inimica, nec habet ullum cum virtute commercium. Propterea in voluptatis regno virtus non poteſt conſiſtere. Nihil altum, nihil magnificum ac divinum ſuſcipere poſſunt, qui ſuas omnes cogitationes abjecerunt in rem tam humilem, tam turpem, tam contemptam. Omittendæ ſunt omnes voluptates, relinquendus luxus, & mollia delectationis ſtudia, quæ homines à virtute alienos reddunt. Pernicioſa ſunt ea blandimentâ, quibus ſopita virtus ſuum amittit ſplendorẽ. Cùm enim corpore conſtemus & animo, non minorem curam animi quàm corporis habere debemus. Duplex eſt vis animorum, una pars in appetitu poſita eſt: altera in ratione, quæ docet & explanat quid faciendum, fugiendumve ſit: ita fit ut ratio præſit, appetitus verò obtemperet, ſi animus ſit integer. Animi morbi ſunt cupiditates immenſæ, non ſolùm gloriæ, divitiarum, dominationiſque, ſed etiam libidinoſarum voluptatum, quæ animos exedunt, conficiuntque curis, judicium pervertunt, nec permittunt ullam cum virtute aſſociationem aut commercium. Contraria enim tenent, neque ulla vtriuſque poteſt evenire convenientia.

Philippæ

XXXIX.

Philippæ Lazæ Polanæ.

VBI VOLVPTAS IMPERAT ILLINC EXTRVDITVR VIRTVS.

R Egnat ubi molli luxu satiata voluptas,
  Illic virtuti non datur esse locus.
Namque hæ diversis committunt prælia signis.
Perpetuaq́; gerunt amba inimicitias.

M 4 EBRIVS

XL.

EBERIVS INSANO EST SIMILIS.

HOmini intemperanti venenatũ eſt vinum. Ab inſano mi-
nimè differt ebrius: & hic & ille mente capti, in vxorem,
liberos, amicos & proximum quemq; ſine diſcrimine ſ̨viuńt.
Vino forma perit, vino corrumpitur ætas. Vinum mors me-
moriæ. Magnum hoc vitium vino eſt; pedes captat primùm,
luctator doloſus eſt. Vno namque modo vina venuſque nocent: Vt venus enervat vires, ſic copia vini; & tentat greſſus,
debilitatque pedes. Balnea vina venus corrumpunt corpora
noſtra, ut vitam faciunt balnea vina Venus. Periculum minùs
fugiendum eſt quam ebrietas. Si unum in locum collata ſint
omnia mala, cum turpitudine ebrietatis nõ erunt comparan-
da. Omnium perturbationum fons, eſt intemperantia; quæ
eſt à tota mente, etiam à recta ratione defectio; ſic averſa à pr̨-
ſcriptione rationis, ut uullo modo appetitione animi regi vel
contineri queat. Mente enim rectè uti non poſſunt, multo ci-
bo & potione repleti. Ab ipſa temperantia, & modeſta vitæ
ratione tranſverſum unguem non oportet quenquam in omni vita ſua diſcedere: multo minùs in beluinas iſtas ingurgita-
tiones ſeſe provolvere, quibus ſimiles-imò pe-
jores brutis homines reddun-
tur.

Proſpe-

Profpero Ventidio Nucerino.

EBRIVS INSANO ET SIMILIS.

40

E Brius infano eft fimilis: vinumq̃ cicuta
Eſt homini. Hoc ætas formaq̃ culta perit.
Luſtator vafer eft, & decipit arte dolofa:
Nam primùm capiat debilitatq̃ pedes.

N   GRAN-

XLI.

GRANDE VECTIGAL PARSI-
monia.

VICtus cultusque corporis ad valetudinem referantur, & ad
vires, non ad voluptatē. Esse oportet ut vivas, non vivere
ut edas. Tantùm cibi & potionis accipit vir frugi, ut reficiun-
tur vires corporis, non ut opprimantur. Iucunditas enim victus est in desiderio, non in satietate. Nihil indignius est homine, quàm sui ventris mancipium fieri, & turpis crapulę subire jugum. Victus moderatus grandis est homini sobrio thesaurus. Si res tua non sufficit tibi, tu parcendo fac ut sufficias
rei tuæ. Benè est cui Deus obtulit, parca quod satis est manu.
Serviat æternum, qui parvo nesciet vti. Qui necessariis contentus est, vilem sibi facit annonam. Quod vult habet, qui velle quod satis est potest. Et is minimo eget mortalis, qui mini-
mùm cupit. Quod satis est cui contingit, nil amplius optet.
Divitiæ grandes homini sunt vivere parcè æquo animo: neq;
enim est usquam penuria parvi. Auream quisquis mediocritatem diligit, tutus caret obsoleti sordibus tecti, caret invidenda
da sobrius aula. Omnibus enim in rebus quæ tractantur
in vita, modum quendam & ordinem adhibentes,
honestatem & decus conserua-
bimus.

Nicolao

XLI.

Nicolao Houllonio Metensi.

GRANDE VECTIGAL PARSIMONIA.

Divitiæ grandes homini sunt vivere parce:
  Dives cui rerum suppetit usus, erit.
Si non sufficiat tibi res tua, contrahe sumptus:
  Angustaq̃, rei sic benè sufficies.

N 2   PAVPER

XLII.

PAVPERTAS LEPRÆ SPECIES.

OMnes hoc liberè fatebûtur, paupertatem non effe vitium: Quicunque tamen pauper eft, inglorius & ferè infamis eft apud omnes. Pauperi nulla eft autoritas, nulla fides. Pauperum vani folent effe fermones. Pauper licet doctus, prudens, & probè eruditus, gratiam ditiorum mereri nunquam videbitur. Paupertas per fe nihil mali habere dicitur: comitem tamen habet femper fecum contemptum. Nil habet infelix paupertas triftius in fe, quàm quòd ridiculos homines facit. Tantùm fidei quantùm nummorum. Paupertas à lepra non eft abfimilis: ab utraq; qui tenetur, fugitur ab amicis & confanguineis. Multa vilia & fervilia negotia liberos homines & ingenuos paupertas agere cogit: ob quæ mifericordiam potiùs quàm odium mereri videntur. Amicus hofpes fi pauper eft, primo die admittitur, fecundo fœtet, tertio extruditur. Paupertas ut per fe non eft improbanda, habet tamen in fe, quo efficaciter egenos moveat, & pelliciat ad malè agendum. Malè fuada fames eft. Nullum ad turpitudinem virgini lenocinium fortius eft paupertate. Vir prudens, etiamfi divitiis inhiare non debeat, paupertatem tamen, quantùm poteft, dum fugit, facit bene. Labem enim turpem virtuti inurit egeftas. Et genus & virtus, nifi cum re, vilior alga eft.

Ioanni

Ioanni Aubrio Trecenfi.

PAVPERTAS LEPRÆ SPECIES.

Paupertas vitium non eſt: ſordet tamen omnis
   Pauper, & egregio ſemper honore caret.
Eſt lepræ ſpecies: qua ſi teneare, propinquum
   (Excuſes quamvis omnia) nemo volet.

N 3   BONO-

XLIII.

BONORVM PROBRVM EST, VIRVM
probum indigere.

CVi patrimonium nimis exiguum relictum est à parentibus;nec illi ad necessarias res sufficit; cui fortunæ, bello,
imposturis aut violentia aliena ereptæ sunt: qvi in egestatem
stoliditate socordia, ingluvie, desidia, aliave culpa incidit, o-
pesque,quas prius habuit,decoxit,cùm magno adversario cô-
flictatur: Quacunq; causa paupertas hominem invadat, semper gravis, semper onerosa, semper opprobriis plena existi-
matur.Externis quidem bonis homo non fit melior : nulla tamen virtus suum retinebit decus in egestate. Mendicitas onus
est intolerabile: à qua quò magis distabis, beatior judicabere.
Vitam quæ faciunt beatiorem, res non parta labore,sed reli-
cta.Nulli vitio dari debet ea si bi parare quæ desunt, Paupertas
multis portam claudit ad honestas actiones. Nonnunquam
etiam ad res indignas quasi humeris protrudit. Durum & intolerabile onus egestas.In extrema inopia constitutis, difficil-
limum est emergere: Qui tamen pauperes sunt sine culpa sua,
contemnendi propterea non sunt, si boni viri sunt. Horum
indigentia ditioribus probro esse debet.Beno beneficiû conferre,boni viri est. Quod benè fit bonis haud perit: nati
sumus non nobis,sed patriæ, sed amicis,
sed virtute ac pietate præ-
ditis.

Pe tro

XLIII.

Petro Lepido Metenfi.

BONORVM PROBRVM EST VIRVM PROBVM INDIGÉRE.

Qvi probus eft, & eget, probro illi non fit egeftas:
In dites probrum manat id omne bonos.
Larginis quodcunque probo, tibi grata viciffim
Id virtus multio fœnore reftituit.

N 4   VITA

XLIIII.

VITA AVLICA SPLENDIDA
miferia.

MEl amarum comedit, cibosq́; aloë tinctos;captiva lib erta-
te fruitur, jugum compedesq́ue aureos trahit, fplendide-
q́ue mifer dici poteft, qui aulicis vinctus illecebris, fui juris effe nunquam poteft. Is fi coferat poteniorū faftum, & faftidia,
ingratitudinem fuperbam, & contemptum quem cogitur tolerare, cum omnibus deliciis & voluptatibus aulicis, fentiet
fuam conditionem non multum differre à fervis, qui ad ergo-
ftula detruduntur. Infelix eft illa felicitas, quæ hominem libe-
rum fubjicit paffionibus & pravis affectibus ftulti diuitis, fpe
levis præmioli, vel inanis gloriæ propofita:vel quod omnium
turpiffimum eft, propter voluptates, fcelerumque impunita-
tem;quę omnia fructus funt peculiares vitæ aulicæ:ex quibus,
cùm maturaverint, morbi, cotemptus, ignominia, ingratitu-
do, feraque pœnitentia nafcitur. Homo ingenuus ad libertatem natus eft, & ad eam retinendam natura inftigatur: Omnis
fervitus eft onerofa. fervire fuperbis, improbis, infolentibus,
violentis & impudicis, intolerabile. Ille liber dici nequit, cui
mulier, cui puer, cui improbus imperat: qui nihil jubenti audet negare, nihil recufare. Si pofcit, dandum eft, fi vocat veniendum, fi ejicit abeundum, fi minatur extimefcendum.
Non benè pro toto libertas venditur
auro.

Paulo

XLIIII.

Paulo Melisso Com. Pal.
VITA AVLICA SPLENDIDA MISERIA.

Melle aloëm tinctam comedes, & dulce venenum;
Servaque inaurato colla premere jugo;
Aegisti que nurus imitabere quisquis in aula
Deperdes misero tempora servitio.

O   METVS

XLV.

METVS EST PLENA TYRANNIS.

TYrannus omnis inimicus est libertati, & legibus cõtrarius. Nihil aure tyranni violentius; nihil rapidius ad inferendam injuriam. Perpetua formidine fluctuabit, qui tyrannum sequetur. cujus amicitia inconstans & mutabilis, animusque ad iram & vindictam ob levissimas suspiciones procliuis est. Vt tyrannus malus est & improbus, sui similibus aulicis gaudet & delectatur; quibus neque parcit, leviter irritatus. Et cùm sciat se ab omnibus metui, omnes quoque suspectos habet, inter metum & spem dubius fertur: nihil non formidat; objectis omnibus, movetur: nihil inausum nihil intentatum relinquit. quod non aggrediatur, ut à se contrarios conatus removeat. Magnum est Personam in Republica tueri Principis, qui non animis solùm debet, sed oculis servire civium. Non tantum mali est peccare Principes, quantum illud quòd permulti etiam imitatores principum existunt. Regis ad exemplum totus componitur orbis. Quæcunque mutatio morum extiterit in Principe, eadem in populo statim subsequitur. Et vitia quæ Principes concipiunt, ea celerrimè infundunt in civitatem: plusque exemplo quàm peccato nocent. Felix fortunatumque regnum, cui bonus Rex imperat, legum fautor, & bonorum morum promotor.

Fabio

XLV.

Fabio Tæniæ Salernitano.

METVS EST PLENA TYRANNIS.

45.

ASsentatorem penso Dyonysius ense
    Circunstent regem quanta pericla docet.
Si bonus est, positis vivet securior armis:
    Si malus, instanti est proximus exitio.

O 2   NVLLI

XLVI.

NVLLI PRÆSTAT VELOX FOR-
tuna fidem.

VAria eſt vitæ commutabilisǿue ratio , vaga volubilisǿue
fortuna. Nihil eſt tam contrarium rationi, & conſtantiæ,
quàm fortuna. Ea enim non ſolùm cæca eſt, ſed etiam plerunque efficit cęcos, quos complexa eſt. Qui fortuna aſpirante ex-
tolluntur, ſæpe efferuntur faſtidio & contumacia. Nihil eſt
inſipiente fortunato intolerabilius: Cæca quoque dicitur,
quòd nihil cernat quò ſeſe applicet. Sæpius ſua in dignis egi-
tur munera. Inſanam illam quoque vocaru ......, a-
trox, varia, incertaque ſit, & inſtabilis. Decedit .... let
fortuna, rapitǿue. Brevis eſt magni fortunæ favoris. Fluxilea
eſt, & cùm maximè ſplendet, frangitur. Citius fortunam invenias, quàm retineas. Nunquam enim magis conſtans eſt, quàm
in ſua inconſtantia & volubilitate. Fortunæ muneribus utendum, non fidendum. Quicquid in altum fortuna tulit, ruit ira
levat. Fortunæ ſævo læta negotio, & ludum inſolentem ludere pertinax, tranſmutat incertos honores, nunc mihi nunc alii
benigna. Et cùm blanditur, tum maximè metuenda eſt. Quare oblatam utramvis fortunam , iuxta ſuſcipere diſcat, qui animo eſſe tranquillo
cupit.

Dionyſio

Dionyſio Lebæo Bathillio.

NVLLI·PRESTAT VELOX FORTVNA FIDEM.

Dum nobis fortuna favet, blanditur, & offert
Subſidium, nobis eſt metuenda magis.
Illiuſ́q; bonis, dum arridet læta, fruamur:
Hanc reperire quidem, non retinere licet.

O 3 VIRTVS

XLVII.

VIRTVS EST FVNERIS EXPERS.

QVæcunque in rerum natura conspiciuntur, ea interitui subjecta sunt. Robur, valetudo, divitiæ, forma, dignitates, reliquaque bona, quibus commodè vita hæc transigitur, citò evanescunt. nihil est in hoc orbe terrarum quod sit perpetuum : Sola virtus thesaurus est homini constans, & peculium æternum. vitam hanc quam vivimus, si benè consideremus, brevem, dubiam, & inquietam, nomine vitæ non dignabimur, si à virtute remota sit. Prima pars ævi sese nescit; media curis obruitur; ultima molesta senectute premitur. Formæ gloria fluxa est, & fragilis. Gaudia non remanent, sed fugitiva volant. Divitiarū incerta est possessio: opes sunt sarcinæ mentis. Crescentem sequitur cura pecuniam. Robur morbis & senecta debilitatur. Pauperies obruit hominem probris & infamia. Rari amici, iique fucati & infideles. Vt sunt humana, nihil est perpetuum datum. Debemur morti nos nostraq;: Omnes una manet mors. At virtus est immortalis. Nunquam Stygias fertur ad undas inclyta virtus. Benè vivere bis vivere est.

Semita, certè, tranquillæ per virtutem patet unica vitæ:
Sola perpetuò manent subjecta nulli mentis
atq; animi bona.

Iacobo

Iacobo Santalbino Medico.

SOLA VIRTVS EST FVNERIS EXPERS.

D Ivitias fruſtra jactant titulóſque genuſq́:
    Qui credunt ſe iſtis & ſua nominibus.
His ſpes nixa labat mors hæc rapit omnia ſecum.
   De cunctis virtus ſola ſuperſtes erit.

O 4   MENS

XLVIII.

MENS INCONCVSSA MALIS.

CVm sapientia donum Dei sit; nosque à malarum cupiditatum impetu & violentia vindicet; ipsiusque fortunæ injuriam modestè ferre doceat, omnes nobis aperiat vias , quæ
ad quietem & tranquillitatem animi ducant; ea nihil esse potest optabilius, nihil præstantius, aut homine magnanimo di-
gnius. Cùm perceptas penitus & pertractatas humanas res habere doceat, nihil admirari cùm acciderit; nihil antequam e-
venerit, non evenire posse arbitrari. Itaque Sapientis animus
magnitudine consilii, tolerantia rerum humanarum , con-
temptione fortunæ, virtutibus omnibus septus, vinci aut ex-
pugnari non potest. Est enim Sapientis quicquid homini accidere possit, ad id præmeditari, & ferendum modicè, si evene-
rit: nihil illi videri magnum in rebus humanis: cùm semper a-
nimo sic excubet, ut ei nihil improvisum accidere possit, nihil
inopinatum, nihil omnino novum. Atque idem ita in omnes
partes aciem intendit, ut semper videat sedem sibi in cœlis, &
locum sine molestia atque angore vivendi paratum: ut quem-
cunque in hac terrestri vita casum fortuna invexerit, hunc aptè & quietè ferat. Abstrahit enim nos ab his corruptibi-
libus, ut firma spe, & vera fide possidea-
mus æterna, & iis frua-
mur.

                                   Georgio

Georgio Bertino Medico.
MENS INCONCVSSA MALIS.

V T *pelagi mediis rupes in fluctibus extans*
Aestum commoti fert benè firma salt,
Sic vitæ qui forti animo est ac mente, procellas,
Propositaq̃, etiam morte, pericla feret.

P   SPES

XLIX.

SPES COELO CERTISSIMA VENIT.

QVicunq; in rebus humanis spem collocat, ille, uti dignus est, sæpe fallitur: exitusque incertos suæque expectationi contrarios experitur. Nihil firmum, nihil stabile est in hac vita. Refugium nostrum & præsidium in adversis tutius est, & loco magis munito repositum, quàm ut ab eo abstrahi aut dejici possimus: nempe in cœlis, ad quos oculorum mentis acie nos penetrare docet Sapientia divina: cujus providétia, & cura vigili ita septi sumus, ut cùm ea nitimur & inhæremus, nihil nobis obesse possit. Nulla mœnia tam sunt munita, quin machinis & suffossionibus, aut, ut nihil horú, proditione cápiantur. Securitas, quam ex Patris cœlestis recipimus promissis, tánta est, ut spe ac fide inexpugnabili jam fruamur bonis adhuc absentibus. Neque est quicquam, quod nos possit divellere aut separare ab illa charitate, qua nos benignus Deus amplectitur. In rebus humanis ita natura comparatum esse videmus, ut nihil sit ex omni parte beatum, nihil perpetuú. Novit paucos secura quies: & ideo, quamcunque Deus tibi fortunaverit horam, grata sume manu. ad immortalia & cœlestia confugiendum, quæ incertis casibus subjecta non sunt.

Friderico

XLIX.

Friderico Sylburgio.

SPES COELO CERTISSIMA VENIT .

49

Quisquis in humanis rebus spem collocat, audet
    Adriacos lacera scindere lintre sinus.
Si qua tamen restat, nobis certissima coelo
    Cernitur, à summis anchora missa Deis.

        MORS

L.

MORS EXTRA PERICVLVM NOS
collocat.

Vita hæc caduca & miserabilis, navigationi periculosæ similis est : in qua fluctuamus naufragis plerunque miserius,
palmum unum aut duos à morte remoti. Vita data est utenda
homini. Optima. quæque dies miseris mortalibus ævi prima
fugit:subeunt morbi, tristisque senectus:& labor & duræ rapit
inclementia mortis. Longius aut propius mors sua quenque
manet. Finis alterius mali, gradus est futuri. Omnium rerum
est vicissitudo. Omnia orta occidunt; auctaque senescunt. Qui
sapit homo se prius morti quàm vitæ parare debet; atque adeo
putare extremum semper adesse diem. Hæc est hominis sors &
conditio, ut quàm citò in lucem exeat, moriturus existat. Quis
furor est atrã bellis accersere mortem? imminet & tacito clam
venit illa pede. Mors æquat summis infima, involvit humile
pariter & celsum caput. Stat sua cuique dies; breve & irreparabile tempus omnibus est vitæ. Fata manent omnes. Nemo
tam divos habuit faventes, crastinum ut possit sibi polliceri.
Mors ultima linea rerum. vita & mors jure naturę sunt. Et cùm
natura nobis hanc vitam commorãdi diversorium non habi-
tandi dedit: quæ cùm ærumnis & calamitatibus plena sit,
mors calamitatum requies putan-
da est.

Petro

L.

Petro Gualterio Chabbotio.

MORS EXTRA PERICVLV̄ NOS COLLOCAT.

DVm juvat hanc animam malè fide credere Puppi;
    Atque hinc Scylla minax, inde charybdis atrox:
Nunquam erit absque metu ambiguo, immunisque periclis,
    Dum repetat patriam, sidera summa, domum.

P 3   EXPERS

LI.

EXPERS FORTVNÆ EST SA-
pientia.

FOrtunam antiqui coluêre ut Deam; dominamque rerum vocarunt: cui attribuerunt ordinationem & dispensationem bonorum omnium, quæ ad hanc vitam pertinent. Nos, qui melius ex sacris literis instructi sumus, referimus omnia ad Dei altissimi providentiam, cujus arbitrio etiam levissima in hoc mundo geruntur. Fortunæ nomen non admittimus. Cùm autem antiqui illam volubilem, inconstantem, & levem judicarent, bona quæ extrinseca sunt, illius potestati subjecerût. Quę cùm facilè pereant, effluât, & elabantur è possesforum manibus, tamq; dignis quàm indignis fine difcrimie côferantur, vir prudens & cordatus iis utitur ad necessitatē: neq; in iis ullam suæ felicitatis partē constituit, ficut stulti faciunt: Sed à Deo optimo maximo sapientiam poscit, thesaurum omni auro preciosorem; qui auferri neque eripi potest à possessore, summis etiam in afflictionibus constituto. His divitiis & bonis animi fultus, fortunam ridet & despicit. Sapientia enim est rerum divinarum atque humanarum scientia: in qua continetur Dei & hominum communitas, & societas inter ipsos. Hac præceptrice in tranquillitate vivi potest, cupiditatum ardore restincto. Est enim vera sanitas animi; quæ
unumquemque docet, ut seipsum
agnoscat.

Rudolpho

LI.

Rudolpho Magiſtro Medico.

EXPERS FORTVNAE EST SAPIENTIA.

ΣΟΦΙΑ
ΠΛΟΥΤΟΥ
ΚΤΗΜΑ
ΤΙΜΙΩΤΕ
ΡΟΝ.

FOrtuna dubia haud vehitur ſapientia cymba;
 Nec vanis fulta eſt indiga divitiis.
Sed cura vigili & ſtudio ſolerte parata,
 In varia rerum cognitione ſedet.
F I N I S.

www.ingramcontent.com/pod-product-compliance
Lightning Source LLC
Chambersburg PA
CBHW070810270326
41927CB00010B/2373